除了她之外，還有一位98歲獨居女性，在以90多與80多歲長輩爲主的11位高齡女性組成的「好交情俱樂部」中擔任領導人。這位長輩的人生原則是「當一把不生鏽的圓鍬」。圓鍬這種東西，只要持續使用就不會生鏽，人也是一樣，身體與頭腦只要持續使用就不會生鏽。據說她秉持這樣的原則，只要天氣晴朗，就會帶著用舊了的圓鍬下田耕作，每星期一定與夥伴聚會1次。

此外，還有兩位分別是96歲和93歲的女性長輩，每年都會找幾天相約，前往位於雙方住家中間兩縣交界處的溫泉旅館，在那裡住上4、5天，順便敍敍舊。其中這位96歲的女性長輩和她90歲的弟弟夫妻倆喜愛棒球，只要買得到票就會儘可能進球場看球賽，替他們支持的廣島東洋鯉魚球隊加油打氣。

由於有機會與這些百歲或將近百歲的女性長輩們相遇，我對年齡和人生的觀念大大改變。以前從沒想過活到100歲的人還能這麼有活力，從沒想過100歲的人還會每天畫眉毛及化妝，從沒想過100歲的人會組織社團參加活動，也從來沒想過100歲的人還能不時去球場給自己喜歡的鯉魚隊加油。

其中帶給我最大刺激的，是這些女性長輩們自己創造出活著的樂趣與希望，那種積極活下去的態度，令我不由得拋棄「活到80幾歲就會死了吧」的天眞想法，決定自己也要踏實地活下去。

受高齡者支援前線的邀請，我從1990年代初期開始參加高齡者支援機構舉行的案例反省會和讀書會，前往正爲高齡者問題煩惱的家庭採訪調查，以這樣的方式一路追蹤高齡者家庭的變化。

其中，首先是自2000年日本開始有長照保險不久後，與單身兒子同住的高齡者虐待問題大幅增加。這個問題近年雖已減少，取而代之的是超過85歲的高齡夫妻及進入長壽期的長輩，在沒有家人親戚可就近照顧的狀況下獨自生活的困難，以及進入長壽期的父母必須反過來照顧已屆高齡卻無法自理生活的單身子女時，所面臨的問題。

在這樣的變化中，高齡者支援團體愈來愈常提到一個概念：「已經無力自主生活的高齡者另當別論，但希望還有自主生活能力的長者能趁此時做好進入長壽期的生活準備」，他們也提到「現在的高齡者都是過一天算一天，對晚年沒有任何準備」。這些都是1990年代初期沒有聽過的聲音。

另一方面，在我的朋友或認識的人中，尤其是50幾歲、60幾歲的男性裡，愈來愈多人搬回老家，一肩扛起照顧將近90歲父母的責任。還有人是上班前先繞回老家，協助老母親做好一天生活的準備後才去上班，也有人每週末花長時間通車回老家探望罹患輕度失智症的父母。還有人不得不和妻子分居，自己回父母身邊長期照顧。各種情況都有。

同樣50幾、60幾歲的女性友人中，有人必須同時照顧沒住在一起的80幾歲、90幾歲公婆和自己的母親。另一個案例中，明明是夫妻兩人一起工作的自營業者，卻因爲雙方80幾快90的父母同時罹患失智症，被迫從優先照顧父母或優先確保自己的工作和健康中二選一。另有朋友忽然面臨必須照顧至今根本沒有往來的叔父叔母的情況，因爲他不照顧就沒人可照顧對方了。在這類案例中，人們因爲必須負起照顧雙親或長輩的責任而加重了自己生活的負擔。

訪問這一輩的人時，他們最常掛在嘴上的是「眞希望長輩們能在身體還硬朗時，思考、安排好自己倒下後要在哪裡過日子或怎麼過日子。但他們做的頂多是留下一筆錢和預約好葬儀社，其他事情全部丟給我們，這眞的很吃力！」。

一邊是高齡者支援者，一邊是照顧長輩的照護者，兩方立場雖然不同，但都是支援高齡者生活的人，他們共通的意見就是「長者最好趁還有精神體力時，安排好晚年的日子要怎麼過及打算接受誰的照顧，這些都要先自己決定好，做好自己能先做的準備」。

那麼，究竟實際上高齡者本身的想法和準備情形又是如何？爲什麼會讓照護的一方說出上述意見呢。長輩們眞的都是「過一天算一天」嗎？他們眞的什麼都不打算做，也什麼都不先準備，還是根本沒想過需要準備呢？在這樣的狀況背後，又有什麼樣的緣由？

爲了釐淸這些問題，我訪問了目前受40幾～60幾歲世代照顧，也就是現在70幾～80幾歲的高齡者，受訪對象都是還很有活動力的長輩，我問他們「有沒有爲自己今後愈來愈老，老到需要受人照顧時做準備？做了哪些準備？打算在哪裡養老？」。之所以限定訪問對象爲「還有活動力的長輩」，是因爲經濟條件上的落差也會對答案造成很大的影響，我想先排除這個因素。

我另外也訪問了目前仍很有活力地自己住在家中的90幾歲甚至100多歲「活力長壽者」，請教他們在進入長壽期前是否做了什麼準備，面對未來倒下之後的生活又有什麼打算，以及他們現在過著什麼樣的生活等等。我認爲這些活到長壽期的長輩經驗，或許能讓即將步入老年的下一世代高齡者獲得「如何準備進入長壽期」及「長壽期應該如何生活」的必備知識。更進一步來說，像這樣得知我們身旁過著普通生活的「活力長壽者」如何過生活，應該能學到不同於時下流行如佐藤愛子或瀨戶內寂聽等「長壽書」作者的生活，而是更貼近一般庶民進入長壽期前的準備方式。

聽了這些長輩的分享，我得到了什麼收穫呢。從90歲到將近100歲長輩的談話中，我得知「活力長壽者」的生活方式，那是過去的我無從想像的事。

然而，對於臥床不起後的準備，出生於大正時期，成長於戰前與戰中世代的長輩多半留有「子女照顧父母天經地義」的傳統家庭觀念，實際上，一旦需要人照顧時，他們身邊也有很多能負起照顧父母世代的子女世代，除了身體硬朗時繼續過著夫妻兩人或獨自一人的生活之外，他們多半也不認爲有必要爲晚年的生活多準備什麼。

另一方面，感覺到可能有問題的，是目前仍硬朗活動的70幾、80幾歲「昭和時期出生」的高齡者們，在面臨長壽期時的觀念和準備。

此一世代有許多長輩常把「不想也無法靠子女照顧」掛在嘴上，但實際上正如支援者或照護他們的晚輩所說，除了「準備一筆錢和預約葬儀社」之外，他們幾乎沒有多做準備，不是「過一天算一天」，就是「不願思考負面的事」，總說「反正船到橋頭自然直」。

這些人爲進入長壽期做的準備多半集中在運動、培養體力或促進健康等，剩下的就是把時間與精力投入嗜好興趣或社交活動，與親朋好友往來和娛樂等日常生活。

但是，「昭和時期出生」的高齡者與其成人子女之間的關係，和他們上一代的「大正時期出生」高齡者與其成人子女之間的關係大不相同。

對「昭和時期出生」的高齡者來說，成家之後的子女多半與父母分開居住，就連原本想栽培來繼承家業的兒子，有時反而跟妻子娘家的親人關係更緊密。

此外，面對社會經濟變動，許多原本只能擔任非正職員工或中途失業的低收入單身子女則多與父母住在一起，這樣的子女別說照護老邁父母了，甚至需要父母照顧他們到倒下為止。還有，現在這個時代，子女住在距離很遠的外縣市或搬到國外生活的人也愈來愈多。

於是，在這一世代（昭和時期出生）的高齡者中，很多人明明有子女，卻在配偶過世後面對自己不斷延長的長壽期時，不得不獨自生活。

再加上沒有生小孩的夫妻或一輩子單身的「獨身貴族」也比從前增加，這就是「昭和時期出生」高齡者家庭的現狀。

在家庭結構產生變化的同時，人們也活得愈來愈長壽，需要照護的80歲以上人口愈來愈多，至２０１５年時已有997萬人，佔日本總人口的7.8％，而這個數字到團塊世代[1]前「昭和時期出生」的高齡者大半超過85歲的２０３５年，將成長為１６２９萬人，佔日本總人口的14．１％，也就是將近2倍。對此，日本政府對高齡者醫療福利採取的政策大方向，則是將對老人的照護從設施機

1 日本戰爭後出生的第一代。

構轉移回自家住宅。

在這樣的狀況下，包括現在仍硬朗生活、積極參與社交活動的團塊世代在內，「昭和時期出生」的高齡者，將與他們上一世代「大正時期出生」的高齡者不同，必須做好進入長壽期後獨自生活的萬全準備。在「人生百年」的這個時代，就算許多人希望自己「今天活跳跳、明天死翹翹[1]」，事實卻是怎麼也去不了那個世界，只能拖著因高齡而脆弱不中用的身體，從「活跳跳」到「病懨懨」，最後才終於「死翹翹」。這就是現代人面臨的時代。

既然如此，就要秉持「有備無患」的觀念，抱定「活到100歲」的覺悟，自己為自己的晚年做好萬全準備。最重要的是，在這個無法「今天活跳跳、明天死翹翹」的時代，就算現在還很硬朗，高齡者也必須體認自己晚年就是需要他人照護，最好預先安排「自己老了之後，想在哪裡受誰照顧」及「為此必須準備什麼」或是「想儘可能在熟悉的自家住久一點，必須做哪些準備」等「晚年計畫」。

這類安排與「遺產繼承」、「墳墓」、「遺囑」等「身後事」的安排不同，是爲了進入長壽期後夫妻生活或獨自生活時能不靠子女照顧而做的準備，趁著自己還有精神體力時，先養成晚年所需的「生活習慣」，例如想在家中養老的人必須先建立屆時與子女之間的關係及與鄰居往來的方式，想住進安養設施的人，則預先找好安養設施的相關資訊，每逢與醫療照護相關的法令規定改變時，都要重新搜集相關知識及情報等。在著手進行這些準備時，或許也能從中看出現行制度的問題，理解身爲高齡者需要什麼樣的制度，並積極發聲爭取。

著手進行這些準備絕對不是「負面的事」。「老邁」不是只是「無法戰勝歲月的脆弱」，我們人類一定擁有能夠開拓嶄新生活方式的力量，「就算上了年紀，『我』還是『我』」、「自己做不到的地方請人幫忙也沒關係」、「受他人照顧並不是什麼悽慘的事」，請像這樣學習如何當一位「活力長壽者」吧。

人類的長壽將邁入前人未至的境界，考驗著每一位高齡者打造嶄新生活的智慧、知識以及建立人際關係的力量。我認爲這樣的社會才稱得上是現代日本。

1 這是1980年代日本體育學會發表論文中出現的標語，意指直到人生最後一刻都不受疾病所苦，健康長壽。

目次

《第一章》「普通的活力長壽者」過著什麼樣的生活

《第二章》對活力長壽者而言，「年齡增長」代表什麼

《第三章》家庭結構的鬆動與長壽期生活的風險

——無法為「病弱體衰」做準備的高齡者們

《第四章》昭和時期出生高齡者與「上了年紀」這件事

《第五章》度過「年老體衰」期的方法，與為「倒下」後的準備

《第六章》現在需要做什麼

——介於「走一步算一步」與「強烈不安」之間——

《終章》長壽時代最好的「活法」

本書記載的受訪者年齡為採訪當時實際年齡。
採訪期間自2016～2018年。

《序章》

「長壽書」風潮與今後的趨勢

（1）「長壽書」的興盛

「如此長命百歲表示什麼」——從中找尋活到高齡期的訣竅

佐藤愛子的著作《九十歲有什麼可喜可賀》（本書於2016年發行，當時作者92歲）獲得日本2017年暢銷書排行榜冠軍，也讓她創下以93歲高齡奪下年度暢銷書冠軍的「暢銷書最高齡紀錄」。

出版本書的小學館網站提及本書暢銷的原因是「時而厭世、時而回顧往昔，對不必要的進步及自己的長壽發出『有什麼可喜可賀！』的當頭棒喝，直白的文章贏得讀者的感動與共鳴」。確實，這本書一定打動了許多讀者。

不過，書會暢銷只有這個原因嗎？

這幾年來，除了佐藤愛子之外，市面上陸續出版了許多作者年齡高達100多歲或90多歲的「長壽書」。像是100多歲的作者篠田桃紅女士（書法家）、金原正子女士（俳句家，2017年逝世），90多歲的作者堀文子女士（日本畫家，2018年滿100歲）、笹本恆子女士（攝影家，2018年滿104歲）、瀨戶內寂聽女士（小說家）、橋田壽賀子女士（劇作家、腳本家）以及今年滿100歲的吉澤久子女士（評論家）等等，這些仍活躍於各領域的女性們，都在90幾歲時出了各種書籍。

當然，這些書的領頭羊或許可以說是2017年以105歲高齡逝世的日野原重明先生的衆多著作。但是，日野原先生於2001年滿90歲時，這類「長壽書」在市面上還是很罕見的存在。

現在出版社爭相推出「長壽書」，而且每一本都賣得相當不錯，出現這個社會現象的背後成因是什麼呢。

我認識一位找了很多這類書來看的80多歲女性，她的說法是「以前從沒想到這會是個大家都如此長壽的時代，看來自己一時半刻也還死不了，所以找這些書來看，想從中找尋幫助自己活過今後人生的訣竅」。

想從書中獲得「活過長壽期的訣竅」，在《九十歲有什麼可喜可賀》的讀者中也能看到這樣的傾向。讓我們看看出版社官方網站上的迴響。

站在高齡者立場看這本書的意見有：「我現在72歲，希望自己到了90歲也我能秉持這樣自由的心而活」、「想活得和作者一樣有毅力」、「這本書激勵了我『要抬頭挺胸活下去！』」、「老年原來也不亦樂乎啊」、「這本書弭平了我的不滿，帶來活力，打開了我的視野」、「這本書給了年近90的我希望」、「雖然市面上有很多寫給老人的書，但這本最振奮人心」……等等。

站在高齡者子女的50、60多歲讀者立場來看，則有這樣的意見：「家有83歲老母，總是把『活太久了，隨時可以去死』掛在嘴上。我現在就送這本書去給她看」、「送給母親前自己先讀了這本書，讀得又哭又笑，我雖然一邊抱怨，但也希望母親能努力活下去」、「作者伶牙俐齒不減當年，眞令人感動。想讓80歲總是無精打采的母親也讀讀這本書」……等等。

作者已超過90歲仍活得精彩滋潤，她「自由的心」與「毅力」引起不同世代讀者的共鳴，紛紛贊同其「活得抬頭挺胸」的態度。就算長壽也不失活力，努力生活才是最重要的，讀者們一定都從書中得到這樣的指引。

「長壽書」流行的背後存在這樣的事實，顯示對同類書籍感興趣的讀者愈來愈多。

（2）參考「長壽書」作者的生存方式，就能「長命百歲」嗎？

名人與一般庶民的差別

爲何近年來這樣的趨勢增強了呢。這是因爲，日本的長壽化在短期間內以其他國家毫無前例的速度進展，日本社會進入前人未至的長壽期，許多年屆高齡的長輩只能一邊摸索一邊生活。前述長壽書暢銷的趨勢，正與這種現象極爲相關。

讓我們來看看超過90歲的人口變化情形。

超過90歲的人口，在2000年時有70萬2000人，2017年時已增加至206萬人（其中男性50萬人，女性156萬人），超過200萬人。更進一步的數據顯示，預測到2040年時，團塊世代全體進入90幾歲後，超過90幾歲的人口將會成長爲現在的2倍，高達531萬人（其中男性158萬1000人，女性373萬6000人）。

日本在進入「平成」時代隔年的1990年時，預測90歲以上人口的比例是女性26・3％，男性11・6％。這個數據來到2017年時已成長為女性50・2％，男性25・8％。換句話說，現在是每兩位女性中就有一位，每四位男性中就有一位能活過90歲的時代【圖1】。

此外，像昭和時代那樣支撐長壽期的家庭形式，到了現代也產生很大的轉變。沒有家人支撐的單身高齡或高齡夫妻戶數增加，和子女共同生活的高齡者中，同住子女單身未婚的比例也提高了，現在能與已婚子女家庭同住的高齡者已成少數派。

在這之中，只能靠自己度過80、90甚至100歲長壽期的高齡者不斷增加。

然而，受到前述「長壽書」激勵，決定自己也要「精力十足」、「抬頭挺胸」活下去的瞬間，高齡者難免忽然停下腳步愣住，問自己：「要靠什麼振奮精神、激勵自己，才能度過高齡期的每一天？」

「長壽書」的作者們和一般民眾的共通點，只有同樣進入長壽期以及伴隨年齡增長的身心變化，除此之外，兩者可說有很大的不同。

首先，這些書籍作者雖然已超過90歲，但各自擁有在不同領域發揮的才

【圖1】90歲以上人口佔全體國民比例之演變狀況

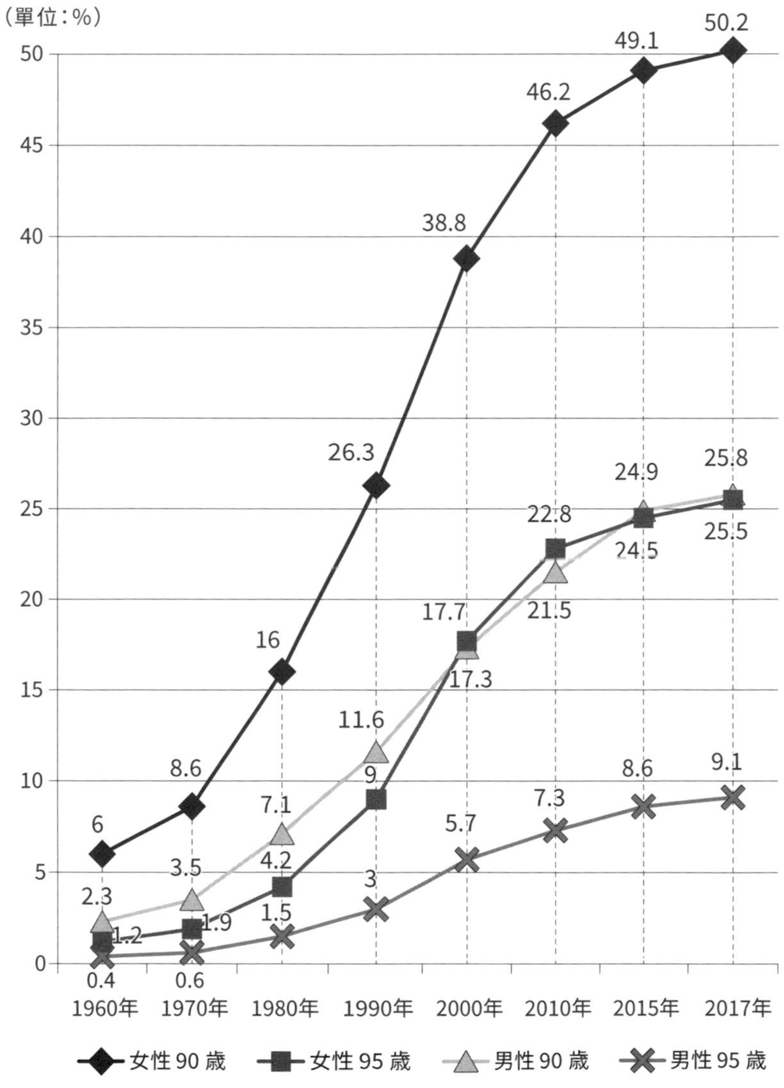

【出處】平成29年簡易生命表概況（厚生勞動省）

華，作品的問世對他們而言就能成爲每日生活的激勵來源。再者，作者們的經濟能力也不同於一般庶民，而當作者們因老邁體弱需要人照護時，家人能給予的支持力、與附近鄰居及地方人士的關係、與支援者之間的關係、在社會上的人際關係等等，也都和普通民衆不同。這些作者們經濟能力佳，就算沒有家人支持，多半也能靠自己的經濟能力彌補。既然是知名人士，就算自己不向外尋求，也會有人主動接近，提供協助。

經濟能力會對社會連結力造成影響，這已是社會學上的定論。

從身邊尋找「活力長壽者」的活力來源——「垂垂老矣」也能活得朝氣十足

既然如此，不如看看既沒有媒體矚目的才華，也未特別活躍於某些社會場域，稱不上有特別經濟能力的身邊一般「活力長壽者」，看看他們根據的是自身的哪些特性，每天靠什麼振奮精神，在哪些社會人際關係中度過長壽期的生活。

今後長壽者將愈來愈多，照護制度也從設施機構福利轉換爲住宅福利，在這樣的過程中，對這些普通活力長壽者的分析將愈來愈重要。

長壽期也在自家度過，這樣的生活當然不可能完全「無病無災」。既然長壽，伴隨老邁而來的疾病與體弱是很難避免的事。

舉例來說，讓我們看看「按照性別年齡看65歲以上照護保險受保人數及其佔人口比例」（平成29年11月審查數字）的數據吧。在75～79歲這個級別，男性佔8.1％，女性佔9.7％，到了80～84歲這個級別，男性佔16％，女性佔23．4％，到了85～89歲這個級別，男性佔29．9％，女性佔44．9％，再看90～94歲這個級別，男性佔48％，女性佔65．3％。由此可見，隨著年齡增長，每增加5歲，高齡者需要照護的比率就跟著上升【圖2】。不過，必須趕緊附帶說明的是，其中也包括了許多一方面保有照護保險，一方面仍硬朗在家生活，介於「需要支援1～需要照護2」等級之間的高齡者。

現代高齡者多半希望自己能「今天活跳跳、明天死翹翹」，但眞能實現這個願望的只有少數幸運兒。過往造成「今天活跳跳、明天死翹翹」死因的最大宗爲「腦血管疾病」和「心臟疾病」，但是，隨著長壽普及與醫療技術的提升，以此爲死因的人逐年減少，取而代之的是「年老體衰」的人愈來愈多。

【圖2】按照性別年齡看65歲以上照護保險受保人數及其佔人口比例

平成29年11月審查資料

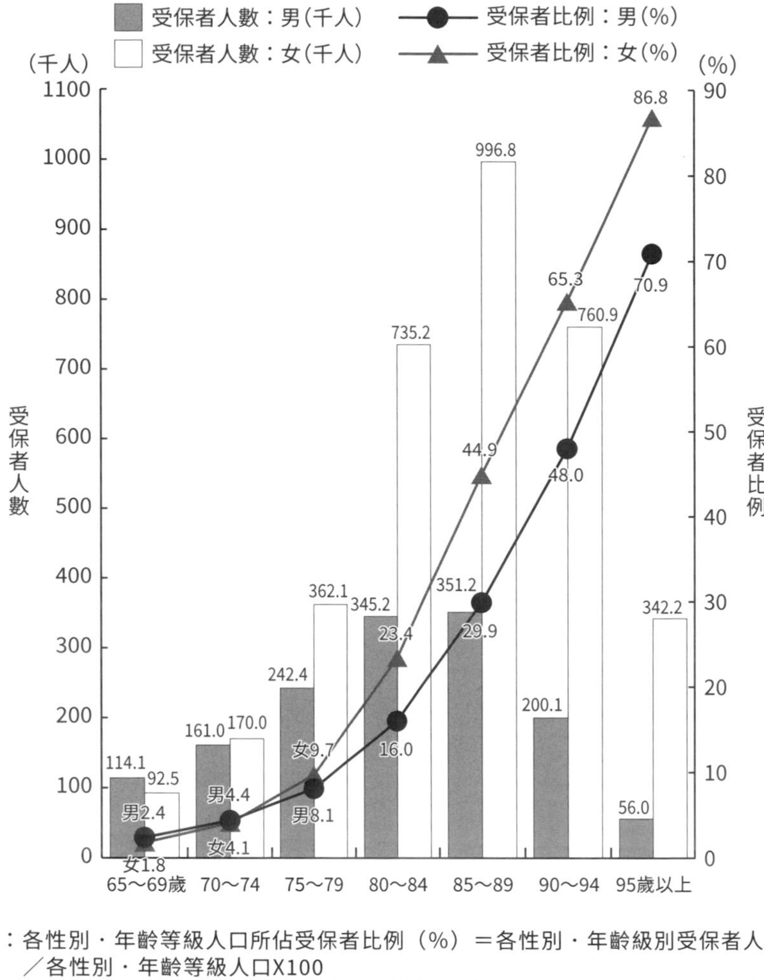

注：各性別・年齡等級人口所佔受保者比例（%）＝各性別・年齡級別受保者人數／各性別・年齡等級人口X100
人口數使用的是總務省統計局「人口推計 平成29年10月1日當天（以人口速報為基準的確定值）」中的總人口。

【出處】平成29年度介護給付費等實態調查之概況（厚生勞動省）

就算70幾、80幾歲時仍硬朗有活力，大部分高齡者在進入晚年期的80幾、90幾歲時，身體狀況也會一口氣走下坡，變得「垂垂老矣」，某天「溘然倒下」，過起必須依靠別人照護的生活。「生龍活虎↓垂垂老矣↓溘然倒下」就是這個時代高齡期的寫照。

因此，找尋身旁「活力長壽者」的活力來源，觀察他們如何在家生活，即使因爲年邁而身患疾病或障礙仍能維持日常活動，也觀察他們保持日常習慣的依據是什麼，靠什麼激勵自己產生活力，藉由何種形式與社會保持聯繫等等，如此一來，就能找出他們維持「元氣」的方法。

做這件事的同時，不可或缺的是問長輩們在不久的將來，當「身體能力衰退，連大小便都必須別人協助照護」時，他們想在哪裡生活？想接受誰的照護？因爲，長壽期是一個隨時可能面臨死亡的階段。

（3）與「活力長壽者」的相遇帶來的一連串驚奇

對年齡的既定印象瓦解

於是，我想聽聽「活力長壽者」的說法。這麼一想，我便請朋友和認識的人幫忙介紹他們身邊住在自己家中，可能是獨居或只有高齡夫妻獨自生活，或者就算和子女一起生活仍一肩擔起生活責任的90歲以上高齡者。

此時將「長壽者」定義為「90歲以上」，是因為當時（2017年）日本人的平均壽命為女性87．26歲，男性81．09歲，再加上前述「長壽書」的作者年齡都超過90歲。此外，不選擇與已婚子女同住的長輩以及限定以上條件高齡者的原因，則在於我認為今後這種沒有子女支持，在自家迎向長壽期的長者將持續增加的緣故。

結果，我透過朋友的介紹，從2016～2018年共訪問了30位這樣的「長壽者」，傾聽他們分享自身的狀況。

對於長年站在照護觀點，從事採訪受照護高齡者及其家人的我來說，這次的訪談帶來的是一連串驚喜與新發現。

我在這次訪談中認識的長輩，都是能找出自己該做的「功課」，自己做出篩選，完成每天的日課，「肯定現在的自己」且「積極向前生活」的長壽者。

這與我在不知不覺中……不，不只是我，這和整個日本社會廣泛對年齡的「既定印象」都不相同，換句話說，這些「長壽者」不因「年紀大了」就放棄挑戰，也不只活在家人保護與狹隘的人際關係中過單調的日子，這些長輩給人的印象，和過往對老年人的既定印象完全不同。

說來或許理所當然，即使訪問的是年齡相同，同樣需要人照護的長壽者，當前往訪問的我抱持不同態度時，受訪者也會呈現不同的面貌。原本的我，將訪談脈絡放在照護問題下，把受訪者視爲「與自己無關的高齡者」，但是這次，我轉換了思考，站在「不久後的將來，自己也會成爲他們」的立場，將受訪者視爲「生活當事者」，來聽他們述說自己如何經營生活，如此一來，聽到的就是與既定印象中「非要人照顧不可的長壽者」形象完全不同的生活實貌。

所謂有活力，指的是「健康」和「毅力」

話說回來，站在這樣的觀點探討普通「活力長壽者」和他們的「活力來源」時，除了「健康」層面外，更重要的是找出維持「毅力」的來源是什麼。

當我們說「某某人很有活力」時，這裡的「活力」指的有兩層意思，一是指「身體健康」，另一層意思則是「有進行各種活動的毅力」。平常我們可能不會想到同一句話裡含有這兩層意思，但是這次和一位正在家附近下田工作的86歲男性長輩談話時，讓我發現以長壽者的狀況來說，這兩層意義都很重要。

看到這位長輩精力十足地清理下完田後產生的大量垃圾時，我深深受到他的活力震懾，不禁開口說：「您很有活力耶！」

不料他回我：「不是活力，是毅力。沒有毅力的話，老年人哪做得了這種工作。」這位長輩把我口中的「活力」解釋爲「健康」，並回應我比起健康「毅力更重要」。

這麼一想，確實如此。以前面提到「長壽書」的作者們的狀況來說，請他們寫書或演講等來自外部的邀請，的確能給予長輩「自己受人需要」的感覺，賦予他們「活著的意義」，激起他們的「毅力」，使他們振奮精神。再者，爲了回應這些邀請，他們必須埋頭寫作，每天把大把「時間」花在工作上，「沒有閒下來的時候」，自然而然就能維持住「毅力」。像日野原重明先生，聽說他行事曆裡的工作經常都安排到3年後。

然而，一般長壽者的狀況卻不是這樣，普通人既不會收到來自外部的各種工作邀約，甚至可能在周遭「體恤老年人」的敬老精神下，過著不受任何要求也不被需要、無所事事的生活。如此一來，長壽者能做的只有自己找出自身的功課，做出取捨並加以完成，在達到課題的過程中，自己產出「活著的意義」和「堅持下去的毅力」。這一點和靠外界邀約維持「活力」的名人長壽者不同，需要的是另一種力量，那就是自己找到課題並日日實行的「毅力」。

就這個意義來說，我採訪的高齡者們就算在身體健康層面上有些痼疾或在聽力、步行上有某些障礙，但倒眞的都是很有「毅力」的人們。

以下三位，更是其中特別令我驚訝，不由得大呼「好厲害！」的毅力旺盛的長輩。

第一章就將以介紹三人生活樣貌的形式，帶讀者一同探索一般長壽者的「活力」來源。

這三位長輩，分別是女兒過世後，與女婿住在一起將近100歲的A女士、不受年齡侷限，開拓新世界，維持「活力」的95歲B女士，以及91歲的C男士。

《第一章》

「普通的活力長壽者」過著什麼樣的生活

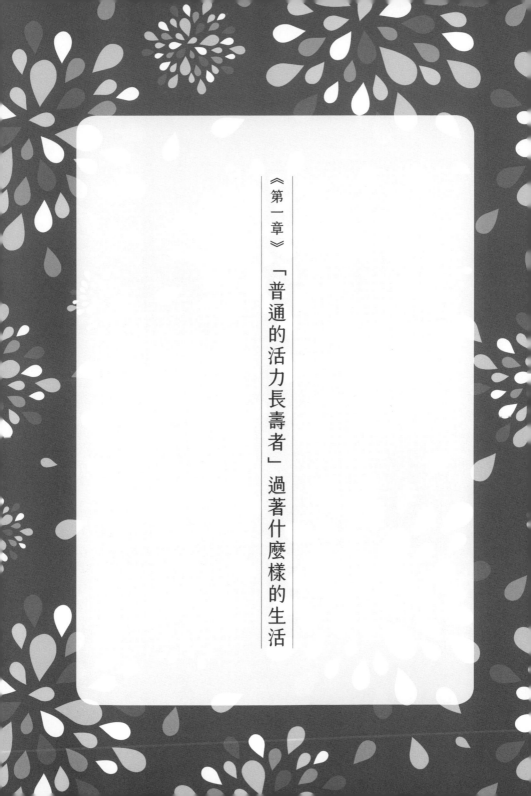

（1）女兒過世後，與女婿一起生活的近百歲女性A女士及其生活

從日課中看見她「活下去的毅力」

在我訪談的長壽者中，有位將近100歲（訪談當時，以下亦同）高齡，卻仍展現驚人的「生活毅力」的長輩，她就是生活方式最令我佩服不已，大呼「太厲害了」的A女士。

首先簡單介紹A女士的個人檔案，再一起來思考讓她產生「毅力」並維持至今的「原動力」是什麼。

《A女士的個人檔案》

生於1917年（大正6年）。丈夫於她60多歲時逝世。丈夫逝世後，A女士與女兒女婿一起住在A女士靠自己買下的房子裡。然而，女兒也在A女士86歲時過世。女兒過世後，A女士繼續與女兒的丈夫（將近70歲）住在一起。

從經濟層面上看，幾乎完全靠A女士工作35年退休後的國民年金過活。從健康層面上看，A女士聽力已衰退，日常生活中需要依靠筆談溝通。此外，她還有站立困難和步行障礙的問題。不過，沒有罹患過重大疾病。

首先，A女士的生活中，最令我大感吃驚的是什麼呢？

那就是，已經年近100歲的她，竟然還每天毫不間斷地爲住在一起的女婿煮飯，並且女婿沒有出任何食費和水電費等生活費，可以說是完全仰賴A女士生活。

另一件事是，A女士幫開餐廳的外孫1年醃漬重達40公斤的糖醋蕗蕎。

除此之外，A女士的興趣是編織，至今仍去編織教室上課，不光是編織自己穿戴的衣物，還給住在遠方的兒子、孫子及曾孫編織，每年地方上的「公民館祭典」時，也會提供2、3件成品販售。

就像這樣，她不管什麼事都親力親爲，按照自己決定的時程，每天宛如按表操課一般徹底執行。

Ａ女士這種將日常「習慣化」的生活方式，令我從中感受到她生存的「毅力」，而忍不住大呼「太厲害了！」。

從Ａ女士的談話中具體看看她過的是什麼樣的生活吧。

Ａ女士的一天

首先，Ａ女士一天的生活，以「幫女婿做飯」爲中心安排時程，每天宛如按表操課一般執行。

Ａ女士　「像我這樣按照時間過一天的人應該不多了。

每天早上5點醒來，打開電視，6點10分前起床。起來馬上換佛壇上的水，一樓和二樓都有佛壇，所以很吃力，幸好可以抓著樓梯扶手上下樓做完這件事。換完水，就換好衣服開始煮飯。

煮好早餐，等女婿吃完就收拾碗盤，這時大概7點。之後一般都是編織東西，到11點半開始準備煮中餐、吃飯、收拾碗盤。3點半再開始準備晚餐，5點左右讓女婿吃晚餐。

吃完晚餐收拾完畢就洗澡，然後看電視到7點或8點，接著就寢。一整年都像這樣按照時間表行動，所以每天都還挺忙的。」

從她這番描述中，我們可以看到A女士將家事制定爲課表一般，徹底依照時間按表操課，並且將遵守這份時程視爲自己的生活課題之一，如她所說的「一整年都像這樣按照時間表行動」來達成這份課題，從A女士「像我這樣按照時間過一天的人應該不多了」的自述中也看得到她的自負，她對自己生活的評語「每天都還挺忙的」則可視爲一種對自己的鼓勵。

不只如此，除了「按照時間表行動」這個課題外，使用生協合作社送來的食材做成的飲食內容，也有A女士自己的一套明確基準。

A女士「我很注重吃的東西。不會讓女婿吃市面上的現成食物，吃的東西全部自己做。

飯用1杯白米、1杯糙米和1杯小麥胚芽煮成。納豆、菠菜都是常用的食材，會注意鹽分的攝取。只要對身體好的食物什麼都吃。醋漬的東西一定要吃，也常吃水果。能為人付出是一件幸福的事，我一點也不討厭做這些。」

除了每天都要做的家事外，A女士還有每個月及每一季固定做的特別家事。

舉例來說，每月初一、十五都會炊煮「赤飯（紅豆飯）」，初夏蕗蕎上市後，就會開始做醃漬糖醋蕗蕎，也會用小黃瓜或茄子等夏季蔬菜做醃漬品，每逢土用丑日[1]一定煮鰻魚，每逢魩仔魚產季也一定會寄小魚乾給姪子和外甥。

像這樣完成給自己的課題，就能成為生活中激勵自己的來源，為單調的生活增加一點高低起伏。除了家事的份量外，我最驚訝的是她醃漬的蕗蕎份量之多。

A女士「死去女兒的小孩（外孫）經營一間食堂，我每年都幫他醃漬店裡要用的糖醋蕗蕎，大約30～40公斤。醃漬前先坐在客廳把蕗蕎的根都修掉。95歲前每年都還醃漬60公斤，以前連醃蕗蕎用的醋都自己做，最近才改用買的。

從來沒覺得辛苦過。我喜歡做這些，也會下田，種小黃瓜和番茄。種了東西田就會長雜草，那個很討厭，因爲我（除草時）一蹲下去就沒法馬上站起來。」

光是把30～40公斤的蕗蕎根修掉就是一大工程，我用想的都覺得辛苦。然而，這位年近100歲的長輩每年都做這事！完全超乎我對長壽者的想像。

1 土用即為伏天，1年有4次土用丑日，但現在多半指夏季的土用丑日，是1年中最熱的日子，日本人習慣在這天吃鰻魚飯等促進食慾的食物。

轉換為正向思考的彈性想法

不過，A女士的毅力來源其實是在與身旁如女婿、兒子、孫子、外甥、姪子等親人的人際關係中產生的「一定要好好對待他們」的想法。話雖如此，從女婿毫不負擔食費水電費這點也可得知，A女士付出的龐大時間與金錢並未獲得十足回報，可說是一種不對等的關係。

然而，假設A女士對這種關係表達不滿，不願接受或者攻擊對方，那麼她與女婿的共同生活馬上就會崩壞。可是，一旦A女士不再必須每天按照時間煮飯給女婿吃，她的「日常習慣」就會跟著瓦解，生活步調馬上亂了套。

就算與身旁親人之間的關係不對等，在一般人的生活中，人際關係這種事也不是單方面想改善就能改善的。在這樣的情形下，A女士選擇的不是讓生活步調亂套的方向，而是將自己的想法切換爲「我不討厭這樣，我喜歡做這些」、「從來沒覺得辛苦過」等「肯定目前生活」的生存之道。我認爲，這份彈性思考正是支撐起A女士「活力」的基礎。

那麼，她這種能切換爲正面思考的彈性，又是怎麼形成的呢？

女婿住在A女士買的房子裡，除了外出時幫忙開車和打掃浴室外不做任何家事，同時，一天三餐的食費和水電費也從來不支付。聽到這個時，我雖然猶豫要不要介入別人的家務事，還是忍不住問了：「他連1毛錢都沒拿回家太過分了吧，您不生氣嗎？」

A女士的回答如下。

A女士「雖然他不給錢，但我也想說算了，就什麼都不說。我這麼做與其說是爲了女婿，不如說是爲了外孫。他沒了媽媽，只剩下爸爸了不是嗎？我的女婿對外孫來說也是他無可取代的父親，要是我說他父親壞話，他會不高興吧。所以我絕對不說。

而且，我已過世的女兒也曾拜託我『媽媽，外孫和曾孫就交給妳了』，我有義務完成她交代的事。所以，一定要讓女婿吃對身體好的東西，注意控制鹽分。

我不可能永遠活下去，（現在）能做到這些事也是一種幸福。我眞的這麼想。」

另外，A女士持續送禮給外甥和姪子的原因如下。

A女士「我有六個兄弟姐妹，已經全部往生，大家都不在了，只剩下我一個人。上天給我健康的身體，是要我也照顧姪子外甥的意思。我這麼認爲，所以寄小魚乾給他們，想說讓他們配茶泡飯吃也好。大家都很期待我寄東西去喔，所以我會一直好好做下去。」

從A女士這兩段談話中，可看得出A女士對人際關係的看法，不是從生活中一對一的關係判斷損益，而是將自己的貢獻，解釋爲對更重要的第三者的付出。比方說，對女婿的付出，爲的是外孫、曾孫，甚至是爲了死去的女兒，對外甥或姪子的付出，則是爲了死去的兄弟姐妹，可以說是一種超越時空的愛與義務。A女士透過這樣的形式將負面思考轉化爲正面思考，這種彈性思考的力量，正如A女士說的「能爲別人付出也是一件幸福的事」，成爲她積極生活的態度。

這樣看下來，讓我深感佩服的A女士「活力」來源，其原動力或許可以說是下面這幾點。

首先，除了聽力障礙和走路不方便的問題外，A女士並未罹患重大疾病，身體可說很「健康」，這點非常重要。

不過，與此同時她也給自己訂下堪稱過多的日課，不拿體力衰退當藉口，每日按表操課從不怠惰，這種按照時間表執行例行公事的「自我控制力」，和足以證明這一點的「時間管理能力」也都很重要。

接著是爲了維持現在的生活，即使生活中出現不符己意的事或對自己造成損失的人際關係，她都能將負面思考轉換爲正面思考，不讓人與人之間的關係出現裂痕，這就是A女士的「社會關係力」。

秉持「健康」、「自我控制力」、「時間管理能力」與「社會關係力」，A女士每天勤奮經營生活，讓自己成爲對親人而言「不可或缺的存在」，而這又反過來激勵A女士努力生活，維持了她的「活力」。

（2）80歲起開拓新世界，與丈夫住在一起的B女士（95歲）

83歲那年買下超過20萬圓的縫紉機

A女士的「活力」靠外人看來幾近過量的每日家事及按表操課的方式維持，但也有人以不同方式維持活力。

我在與98歲丈夫一起生活的B女士（95歲）和與85歲妻子一起生活的C男士（91歲）身上看到和A女士不同形式，但同樣令我驚訝佩服的長壽者「活力」。

這兩位的共通點是擁有自己的嗜好，在進入長壽期後又開拓了嶄新的社會關係，並為夫妻關係重新建立起新模式。

就讓我們先從B女士的生活型態中看看她的「活力」來源吧。

《B女士的個人檔案》

生於1921年（大正10年），和98歲（大正7年出生）的丈夫住在一起。有兩個小孩，女兒和他們住在同一個鎮上。B女士除了80多歲時住院2次外，沒有生過重大疾病。

我第一個注意到的，是B女士有能力「不受年齡侷限，做出新的選擇」，這樣的能力也成為她現在的「活力」來源。

B女士在80歲後做出兩個新的選擇，第一個選擇是參與地方社區的活動，另一個選擇是買下要價超過20萬日圓的縫紉機。如果是「受年齡觀念侷限」的人，在面臨是否做這兩件事時，或許會因為「畢竟自己已經上了年紀……」而選擇放棄。

從B女士的談話中，我們就能看出80幾歲時做的選擇，是如何地影響到她現在的「活力」。

首先，來看看B女士的一天吧。

B女士

「早上6點起床，做早餐。早餐通常吃麵包、味噌湯、青菜或水果。吃完飯，我會洗衣服或打掃。如果上午有社區聚會，那天就會外出，沒有的話就看看電視，編織或修補衣物。外子每星期有2天要去醫院復健，除此之外的日子，他多半會去除屋外的雜草，或是在家弄東弄西。

吃完午餐後，我一樣不是出門參加社區聚會，就是在家編織修補衣物，通常不睡午覺。晚餐7點左右吃。外子上床早，我則大概11點才睡，多半都在縫補衣物，總是說著『等這個告一段落再睡』。」

和前面看過的A女士一樣，B女士的一天也按照時間表進行，過得很規律。不過，和A女士不同的是，A女士的每日家事以替親人做的家事為中心，B女士還會出門參加社區活動，活動時間也不只限於白天，晚上還編織或縫紉、修補衣物到很晚，這是B女士的特徵。

到了長壽期才克服外出時內向害羞的個性

此外，B女士每週和每月的生活節奏都隨著社區愛好活動日而變化。

B女士「妳問參加社區活動的次數嗎？每個月大概有5天，地方上的沙龍會舉行聚會，也會去參加其他老人會辦的民謠聚會、童謠聚會或摺紙聚會，還要去醫院做復健，其實過得挺忙碌呢。因爲我想從大家身上獲得活力，所以全部都會出席。民謠是80歲後開始的興趣，摺紙則是差不多8年前，我86歲那時開始投入的活動。」

社區活動和裁縫、編織等手工藝，這兩件事成爲B女士主要的「激勵」來源，使她一天的生活「過得挺忙碌」。不過，身爲專業家庭主婦的她，其實是在80歲後才開始參加這些活動，B女士說她原本是個一出門就內向害羞的人，進入長壽期後，性格才有所轉變。

B女士「開始熱衷投入這些活動，是80歲過後的事了。在那之前，我幾乎都待在家裡，面對外人時總是內向害羞，不太敢說話，也一直認爲這輩子大概就這樣了。

可是，地方上一位相熟的熱心人士對我說：『不能老是把自己關在家裡。就算接受了別人的好意，也不用因此覺得不好意思，只要像別人照顧我們那樣去照顧年輕人就好。』聽了這番話，我忽然覺得心情輕鬆起來，變得經常出門，不管遇到誰也都能說上話了。」

除了參加這類社區活動，裁縫和編織也在B女士的生活中佔了很大比例的時間。她做這些不是爲了家人，而是爲了社區裡的大家，做這些事建立起B女士在社區裡的人際關係。

靠「被需要」保持活力

這一切的開端，都得拜83歲那年，B女士不顧先生反對買下一台縫紉機所賜。

B女士 「上一台縫紉機82歲時壞了，買新的一台要20多萬，所以我一直猶豫著，但還是很想要。我先生非常反對，他的說詞是『花超過20萬買縫紉機，直接拿這筆錢來買衣服都到死也穿不完了吧』。可是我還是拜託他買給我，說『無論如何都想要』。

我完全不考慮自己年紀多大，還有多久可活之類的事，就算只是一天也好，我只想專注於眼前的事。就這樣縫紉機來到我家，還在思考要做什麼好時，附近鄰居正好爲了要改短衣服的事傷腦筋，我就說『讓我來幫忙改吧』，後來慢慢地，大家都會把衣服拿來給我改了。」

83歲這年買下的縫紉機，爲過去與鄰居不太往來的B女士建立了新的近鄰人際關係，也爲她如今90多歲的生活帶來調劑的「活力」。

接下來看看她說的另一段話。

春日 「您好像花了很多時間在裁縫和編織衣物上面，都做了些什麼呢？」

B女士 「幫鄰居修改衣服或改褲長，有時也會縫製和服。其實眞的不是要靠這個賺錢，但不收錢的話有些人會過意不去，所以就收100圓。和服的話，像是會幫跳日本舞的鄰居修改和服。至於編織，地方上舉行祭典市集時，我就會織很多圍巾之類的小東西，賣掉的收入讓大家拿去當活動資金。做這些事時心情總是很雀躍，拚命做但是做得很開心。」

有趣的是，B女士這番話和A女士也有共通之處，那就是，兩人都把看上去似乎超過負荷的家事，當作每天必做的功課，藉此保持「活力」。

不過，相較於A女士的家事多半屬於對家人的付出，B女士的日課性質則比較偏向為地方人士付出。兩人的另一個共通點是，和她們付出的時間及勞力相比，從別人手中獲得的回報並不對等，就金錢方面來說，支出與收入可說是根本不成正比。

然而，和A女士一樣，正如B女士自己說的「做這些事時心情總是很雀躍，拚命做但是做得很開心」，她從這些事裡獲得的是「自我鼓勵」，完成每天工作的成就感為她帶來「高漲的喜悅」，還幫助她與地方上的人們建立過去沒有的嶄新人際關係。當B女士感覺自己「被需要」，生活也就過得「有意義」了。

B女士現在的生活充滿金錢無法換算的「活力」，這種生活的起點，正是83歲那年買下的縫紉機。我認為這件事值得深思。

「不儘快改變自己，就會失去改變的時機」

到這邊都以妻子說的話爲主，其實B女士的先生也說了很有意思的話。聽說，以前從來不幫忙做家事的他，過了95歲卻開始做家事了。

B女士「以前他只會打掃屋子外圍，現在還會幫忙洗浴室，我有事要出門時，他還會說『快去吧，剩下的我來做』，把廚房流理台裡待洗的東西都洗了。這改變大概是這2、3年的事吧。」

B丈夫「不儘快改變自己的話，就會失去改變的時機。我一個人沒辦法生活，還是得靠老婆照顧才活得下去啊。」

到了95歲還有能力持續改變。「不儘快改變自己，就會失去改變的時機」，這句話令我印象深刻。

B女士和先生的精神與態度也反映在另一件事上。參加鎮上公務活動時，儘管周遭的人都說「兩位年紀這麼大了，不要輪值小組長比較好」，他們還是堅持以丈夫96歲、妻子93歲的高齡接下鎮內會小組長的工作，順利當完1年的小組長，讓身邊的人都很驚訝。

「不受自己年齡框架束縛」及「在生活中擁有興趣」，這兩種能力可說是B女士的「活力」來源。認識B女士讓我領悟到，正因為是長壽期，所以更需要這兩種能力。這一次的採訪，對我而言也是難能可貴的體驗。

（3）跟妻子住在一起的91歲C男士「今後想學編織」

不拘泥於性別，能屈能伸的想法

C男士和B女士一樣，很享受現在的生活，也不受自己的年齡侷限，勇於嘗試新事物，過著有「活力」的每一天。

不過我最驚訝的是，和妻子一起生活的C男士不但負責做早餐，每天都打掃、洗衣，還說「如果能活到100歲的話，現在想開始學編織」。

根據我過去的經驗，高齡男性總給人「茶來伸手、飯來張口，有事只出一張嘴」的先入為主的印象，他們不喜歡與外界交流，在家什麼事都不做，「只會坐在那裡指使妻子」，一遇到不順己意的事就「大呼小叫到滿意為止」。

然而，C男士的生活說明了刻板印象中高齡男性的生活方式是錯的，像他這樣不受性別侷限，能屈能伸的生活之道，才能成為長壽期的「活力」來源。

《C男士的個人檔案》

1925年（大正14年）出生。和85歲（昭和5年出生）的妻子一起住在位於陡坡上的自宅房屋。兩人育有三個女兒，其中兩個和他們住在同一個市區內。C男士41歲時右眼失明，88歲時曾病重住院。此外，他從年輕時就不會開車。

和前兩位長輩一樣，先看看C男士的一天是怎麼度過的吧。

C男士「早上5點起來，先做煮早餐的準備。6點25分跟著電視做體操。然後煮早餐，7～8點吃早餐，吃完收拾的工作交給妻子。9點開始散步，有時只是單純散步，有時也會順便去購物。需要當義工的日子9點就出門。午餐夫妻倆各自煮各自的吃。

下午就彈烏克麗麗或做自己喜歡的事。晚餐一邊吃妻子煮的飯一邊聊天，大概會吃上2個小時。其他時間依自己的需要倒垃圾、打掃和洗衣服。」

此外，每星期、每個月都會參加義工活動，或跟以前同事相約聚會等等，過著有時緊湊、有時放鬆的生活。

C男士

「朗讀的義工活動每個月固定會去3次，也有額外不定期參加的。內容多半是在罹患重病的人床邊朗讀書本，或是錄製錄音帶，這件事我從71歲持續做了20年。另外就是每個月會和以前同事去唱卡拉OK。我還擔任自治會會長，一直當到80歲。」

聽他分享就知道，持續了20年的朗讀義工和家事對C男士來說，就是他每天重要的課題。

做早餐前的準備

在C男士的分享中，最令我感興趣的是煮早餐的事。訪談時，他陪在一旁的妻子說：「這個從前只拿過筆的人，退休後忽然開始煮起飯來。有時女兒來訪，還說『妳吃的早餐幾乎是我們一天三餐的份量了』。」在C男士的每日課題中，我對「煮早餐前先做準備」的意思不太理解，於是就問他：「要準備什麼呢？」

C男士「早餐我都會煮味噌湯，所謂的準備就是準備這個。先用蔬菜熬湯頭，說得更詳細一點，是用高麗菜、紅蘿蔔、洋蔥、南瓜和7條小魚乾一起熬40分鐘，做成湯頭。之後用網子把蔬菜全部撈出來，只留下湯頭，要吃之前加入海帶芽、豆腐或油豆腐做成味噌湯。因爲湯頭熬得很徹底，所以很好喝喔。」

春日「那些蔬菜就丟掉了嗎？」

C男士「撈起來的蔬菜就當燙青菜吃。也會煮其他早餐的配菜，像是磨山藥泥，再打顆生蛋攪拌，這個每天都會吃。有時也會磨白蘿蔔泥，加在燙青菜上一起吃。這個人（指妻子）煮的燉鹿尾菜或燉白蘿蔔、煮豆子等菜色是我們家的常備菜，也常出現在早餐的餐桌上。」

所謂「早餐前的準備」，原來是指「熬味噌湯的湯頭」啊。搞懂這點的同時，我也不禁佩服他對煮味噌湯這件事的費工，這可不是一般人能做到的。妻子對午餐的說明也讓我很感興趣，過去訪談過的長壽期夫妻，除非感情不好，不然沒有哪對夫妻習慣午餐各吃各的。

C妻子　「現在我們午餐都各自吃自己喜歡的食物。我想吃麵就會自己煮麵吃，外子則吃麵包之類的。當然也會有一起吃的時候。」

為了維持健康而去體育教室或參加社區活動，白天兩人經常不在家，於是C男士和太太商量後，決定採用現在這種方式。關於自己也動手做菜的這件事，C男士是這麼說的：

C男士　「吃的東西啊，我覺得每個人都得自己會煮才好，因為人不吃東西就活不下去啊。要是都買便當吃，身體就沒有動起來的機會了。」

不好好吃東西，就無法維持「健康」。C男士動手做早餐的背後原因，其實是對健康的重視。

自己身體多了缺陷後，開始想為別人做點什麼

這樣的想法也貫徹在他其他的日常課題中。「兩位這麼高齡，自認在孫子或孩子面前有什麼值得自豪的事嗎？」C男士對這個問題的答案如下：

C男士「自豪的事是嗎？從50歲到現在，40年來，我除了生病時休息了半年外，每天都會去外面走路。大概每天走1小時，相當於7000～8000步。我想這應該不是人人都能做到的事吧。」

為了維持體力，40年來每天步行1小時。每天持續完成這項課題的「毅力」確實非常人能及。

C男士的毅力不只發揮在這件事上。爲了維持「健康」，保有每日的「活力」，除了每天給自己的課題外，也會另外爲生活增添調劑，像是專程出門參加社區活動，「培養自己的興趣」等，都有助於產生「毅力」。做了長達20年的「朗讀義工」、烏克麗麗以及和以前同事去唱卡拉OK都是如此。

C男士「之所以當義工，是因爲自己一隻眼睛失明後，開始很想爲別人做點什麼，這就是動機。（88歲時因重病）動手術後也曾想過是否停止，但是大家都來祝我早日康復，我也不好放棄，就那樣繼續了。之後慢慢養成了一定的步調，再說，只要一想到得去做這件事，早上就不會賴床了。雖然現在已經過世，以前我曾去一位罹患重病的人家裡朗讀書本給對方聽，持續了很長一段時間，那是一位意志力很堅強的人，我從他身上學到的反而比較多。」

男性的長壽期需要觀念革新？

話說回來，C男士和前面介紹的A女士、B女士有個很大的不同。身為女性的A女士及B女士從年輕時就基於舊時代對性別的刻板印象，一直持續做著老舊觀念中屬於「女人該做」的家事，進入長壽期的現在也繼續發揮這個能力，將家事或參與社區活動當作每天的課題，按照時間表完成，藉此維持與家人和鄰居的關係。

相較之下，身爲男人的C男士現在當成每日課題在做的家事，乃是基於「有益健康」及「爲妻子著想」的出發點去做。開始參與社交活動，則是基於本身「視力有了缺陷」的經歷而產生「想爲別人做點什麼」的動機。

站在男女差異的立場看，這是很有意思的一點。

女人的情形是，發揮自己從年輕時習慣做的事培養出的能力，就有可能靠這份能力度過長壽期。

另一方面，年輕時負起工作養家的責任，向來不插手家事也不參與社區活動的男人，如果想度過一個有「活力」的長壽期，多半須要投入原本不熟悉的領域，做出某種觀念上的革新或有意識地做出某種選擇。

就這層意義來說，正因爲C男士選擇了當朗讀義工，也把家事當成每日課題來執行，在面對我「如果您能一直活到100歲，會想做什麼呢」的問題時，才會給出這樣的答案：

C男士「我從84歲開始學烏克麗麗，如果能活到100歲的話，我想繼續彈烏克麗麗，因爲那是我喜歡的事。另外，也想從現在開始嘗試學編織。」

春日「欸?!學編織嗎?」

C男士「要是不能走路了，能做的事頂多就是編織了吧?我想試著織一頂不錯的帽子。如果說還有什麼欲望，大概就是這樣了。也會繼續彈彈烏克麗麗囉。」

我當下的反應雖然是「欸?!學編織嗎?」但是仔細想想，眼前的C男士是一位長期在重病患者枕邊擔任朗讀義工的人，一定從「人走向死亡的過程」中學到了什麼，或許正因如此，才會想學「編織」吧。

（4）A女士、B女士、C男士之外的「活力長壽者」們

不必受限於既有的長壽長輩形象

A女士、B女士和C男士三位長壽長輩是過去訪談的「活力長壽者」中，最令我驚嘆佩服的三位，到這邊爲止，主要以他們的案例探討了長壽長輩的「活力來源」是什麼。

結果可以發現，他們都選擇了自己的「日常課題」，按照時間表過著規律的生活，在人際關係中感受到「自己被需要」，從而產生「活著的意義」，並藉此打穩維持生活「毅力」的基礎。

不只如此，這幾位長輩也都爲了維持身體的「健康」，注重每日「飲食」，好好攝食，靠著散步或做家事等方法持續勞動身體，也都擁有自己的嗜好或喜歡做的事，這些已成習慣的平日課題對活力長壽者來說不可或缺。

雖然沒有一一介紹到，但從我訪談過的衆多「活力長壽者」身上，或多或少都能看到這些事實，可以說是共通之處。

舉例來說，像是98歲還下田工作並擔任地方上社團領隊的D女士便是如此。還有，參加D女士領導社團的97歲E女士也是，不但每天爲70多歲的兒子做飯，也會下田工作。同樣參加這個社團的91歲F女士也把家事視爲每天必做的功課。

獨居的100歲G女士和H女士（97歲）及I女士（88歲）是三位好朋友，她們每個月都會請兒子開車送她們去享受溫泉，也都會下田工作，自己的飯菜自己煮。

年屆100歲的J女士至今仍在兒子開的店裡幫忙做生意，賺自己的零用錢。91歲的K女士在社區社團裡負責做甜點，還會用電腦幫經營販售業的女兒報稅。

90歲的L男士每天開小貨車去山上的橘子果園。分別住在不同縣的96歲M女士和93歲N女士會各自搭公車到兩縣交界處的溫泉旅館會合，小住4、5天敍舊，維繫兩人60年來的友誼……

聽了我遇到的長壽者們那些數不清的「活力」生活樣貌，一次又一次地改寫我「對長壽者的既定印象」，使我感覺自己的未來似乎也多了點光明。

結束訪談工作後，現在我對曾在奧斯威辛集中營裡活下來的心理學家維克多．弗蘭克這段話更有感觸：

「身爲人類，絕對沒有『只能有一種樣貌，無法活出另一種樣貌』這種事。人類總是能活出另一種樣貌，無法否認每個人都有這種創造自我的能力，或說改造自我、超越自我而有所成長的能力。此外，每個人的這種能力都不會受到侵害。」

（出自維克多．弗蘭克著《超越宿命、超越自我》春秋社出版，1997年，第14頁）

《第二章》對活力長壽者而言，「年齡增長」代表什麼

（1）「虛報年齡」的活力長壽者

以高齡為傲——溫泉澡堂裡的對話

「年紀一超過90歲，人就會失去挑戰新事物的欲望和能力。」

在我陸續採訪「活力長壽者」的過程中，慢慢發現這種對高齡者的先入爲主觀念是錯的。

此外，我還發現另外一件事，那就是社會上一般人對長壽者年齡的想法，和活力長壽者自己的想法有所落差。活力長壽者經常對自身的年齡表現出各種獨特又有趣的反應。

首先，最令我感到不可思議的是，一般來說一開始採訪時，總會先請教對方姓名，接著問年齡和出生年月日，這種時候，很多長輩都會誇大自己的年齡。如果是88歲的人，就會說自己「快90歲」，93歲的人就會說「快95歲」，98歲的人則會宣稱自己「就要100歲了」。

女性在70歲之前多半傾向避談年紀，被問到「今年幾歲」時，還會出現不高興的反應。然而，一旦跨過80歲的門檻，就算人家沒問也會主動提及年紀，甚至很多人都會比實際年齡多報幾歲。

關於這件事，我曾有個現在想起來還會忍不住發笑的經驗。

那是發生在我常去的溫泉澡堂裡的事。在脫衣處準備入浴時，三位看起來相當高齡的女士一邊聊天一邊走進來，其中一人雖然有點駝背，但三人看上去都耳聰目明，推測大概不到85歲吧。

我看準時機上前搭訕：「各位今年多大年紀了啊？」於是，看起來最年長的長輩說：「我100歲囉，大正7年出生的。」「哇喔！100歲嗎？好厲害！我還以爲三位都不到85歲呢。各位好有活力喔！」

之後，我就和她們一邊泡溫泉一邊聊天。爲了讓各位讀者感受到她們的活力，雖然有點長，請容我詳細介紹當時的對話內容。

春日　「三位常來這裡泡溫泉嗎？」

G女士　「對啊，每星期會去日間照顧[1]2天。每個月1次，兒子開車載我們來這裡。我97歲前都沒去過日間照顧機構，3年前被判定有照護需要，才開始去的。」

春日　「那很厲害耶。」

G女士　「不過，我年紀雖然大，這個人也不小喔，她已經97歲了，還不用去日間照顧機構，很了不起！」

春日　「是喔，眞厲害！那您沒有去日間照顧機構，一天在家都做什麼呢？」

H女士　「下田種菜啊，早上起床就下田，一直做到中午。收成的蔬菜就拿去分送鄰居，大家都很開心，我也覺得活得有價值了。」

春日　「您的家人呢？兩位都是自己一個人住嗎？」

G女士　「對，一個人住。我48歲時先生死了，超過50年的時間一直都是自己住。H呢？」

H女士 「我先生是在我70歲時死的，自己生活也將近30年了。」

春日 「自己一個人住，晚上不害怕嗎？」

G女士 「沒什麼好怕的啊，都這把年紀了，男人也不會靠近。」

H女士 「就算我們拜託人家來，人家都不想來，只會逃跑。」（三人一起爆笑）

春日 「那麼對兩位來說，現在最可怕的事是什麼？」

G女士 「應該是跌倒吧。」

H女士 「對對對，跌倒最可怕了。」

1 日本長照體系中，提供給在宅養老但經判定有照護需要者，由工作人員接送至設施接受包括復健、健康檢查與外界交流等照顧服務。

就像這樣，幾乎都是100歲和97歲這兩位女士在跟我聊。

沒想到，她們兩人泡完澡先出去後，感覺像被同伴丟下的另一位長輩跑來跟還想悠哉多泡一下的我搭話。

I女士「我也88歲了，但是還很健康喔。還有啊，剛才那個人說她100歲，其實還沒過生日，才99歲而已啦。她對妳說了謊，我想說來告訴妳一下。」

爲什麼這個人會這麼說呢。大概是聽到我一迭連聲稱讚先出去那兩人「好厲害，好有活力」，所以想表明「我雖然88歲，但是還很健康」，希望能聽到我說「您好有活力」吧。我又想，不只宣稱自己「100歲」的G女士，長輩們好像都很愛那種說穿了也算「說謊」的「把年齡多報幾歲」行爲，人們到底從幾歲過後開始會產生這種心態呢。

從重視「年輕又貌美」變成重視「年輕又健康」

G女士之所以把年齡多虛報了一些，並非因爲滿100歲就能得到地方政府爲長壽者賀歲的贈禮，和這種理由無關。即使還不滿100歲，很多高齡女性也喜歡把自己的年紀多報幾歲。

話雖如此，這裡指的高齡女性可不是60幾歲。在60幾歲之前，別說多報幾歲了，大多數的女性反而隱瞞實際年紀，或是努力讓自己看起來比實際年齡年輕。就連電視上美容相關的廣告，也都充滿如何讓超過60幾歲的高齡女性看起來像40幾、50歲的美容法。

這麼一想，這種「虛報年齡現象」出現的年齡分歧點至少也是將近80歲了，大概和世間刻板印象中所認爲的年老體衰、身心失衡的「高齡」差不多歲數吧。

到了這個年齡，女性重視的評價基準會從「年輕又貌美」朝「年輕又健康」的方向轉移。「年輕」一樣很重要，但隨著年齡的增長，「活得健康有活力」的重要性就會取代「貌美」了。當別人稱讚自己「健康」時，她們會解讀爲這是在稱讚自己「年輕」，產生把年齡多報幾歲的心理。

因此，愈是高齡，愈多人在報年齡時習慣多報幾歲。於是我這麼想，假設眞有這樣的傾向，那麼我們或許可以將人們開始虛報年齡的歲數，視爲「自己和別人都認同已是高齡」的歲數。

（2）不認為「自己老了」的活力長壽者

看到同齡人時內心的想法

話說回來，我爲什麼這麼堅持「自己和別人都認爲是高齡者」這一點呢。這是因爲，在我訪談「活力長壽者」的過程中漸漸產生了一個疑問。

關於高齡者的定義，日本老年醫學會在2017年以「這個定義沒有醫學及生物學上根據」爲由提出建議，希望推翻原本「超過65歲即爲高齡」及「65～74歲人士爲『前期高齡者』，超過75歲爲『後期高齡者』」的定義，重新將65～

74歲定義爲「準高齡者」、75～89歲爲「高齡者」，超過90歲則爲「超高齡者」。

提議的理由是，伴隨年齡增長而產生的身心機能變化，和10～20年前的狀況相比推遲了5～10年。此外，內閣府實施的意識調查結果也顯示多數人認爲70歲或75歲以上才稱得上是高齡。

然而，即使在這樣的潮流下，年齡超過90歲的長壽者總不會不認爲「自己年事已高」吧。在還沒開始採訪長壽者前，我也一心這麼認爲。

這樣的我，之所以會開始問長壽者關於「對自己年齡的看法」，起因是一件偶然發生的事。那時，我在讀了採訪78歲落語家柳家小三治先生（1939年出生）的報導後，訪談一位91歲的L男士時，發現他說了和小三治先生幾乎一樣的話。

小三治先生在報導裡是這麼說的：

「人是不會忽然變老的，因爲年紀是慢慢增長的嘛。（中略）我從來不覺得自己已經老了就是。

只是和好久不見的同學見面時，有時也會想，果然大家都上了年紀啊，我也這把年紀了呢。但是其實我的內心一直停留在少年時代，認爲自己和當年成爲落語家時沒有兩樣。」

（〈闡述——人生的禮物——落語家柳家小三治①〉出自《朝日新聞》2017年10月30日早報）

L男士也說了下面這番話。L男士是橘農，每天開小貨車往來山上的果園和工作室之間。

L男士　「我從來沒想過自己老了，但是上次走在路上，巧遇小時候的朋友，對方小我3歲，我一看到他就忍不住想『這傢伙老了啊！』可是仔細想想，我還比他大3歲，這才發現『原來俺也老了啊』。」

他們兩位都是在看到別人時，透過「別人的外表」這個媒介，察覺平時沒察覺的事實——「自己老了」。聽了L男士說的話，我訝異地想：「欸？原來不只70幾歲，連超過90歲的人也不覺得自己老啊。那，究竟人們都是在差不多幾歲時，因爲怎樣的事情，才會察覺『自己已經老了』呢？」我開始思考這個問題。

後來，每次訪問「活力長壽者」時我都會問「您認爲自己已經老了嗎？」，結果，果然有好幾個人的答案和L男士說的一樣。

一位91歲的K女士就是如此。K女士出生於1926年（大正15年），今年91歲。她年輕時學過簿記，至今仍運用這份經驗，使用電腦幫開店做生意的女兒報稅，平時也用智慧型手機與人聯絡。社區學辦活動的前一天，她還會幫30位參加者烤點心。此外，每年都會寄出70幾張賀年卡。

春日　「您曾想過自己已經老了嗎？」

K女士　「從來沒想過。只覺得做這些事很普通啊，是理所當然的事，從來不覺得自己老了。是啊，就算別人背地裡指著我說『那個人明明這麼老了還……』我也不當一回事。有些人會在意別人說什麼，但那樣太窩囊了，沒必要把時間浪費在那上面。」

春日 「您耳朵和牙齒都還很健康呢。」

K女士 「年齡雖然年年增長，但我從不覺得自己是老人。沒那種感覺。」

從這番對話中可看出，人們在說別人「老了」時，判斷的基準是外表的變化或月曆上的年齡。但是，對於自己的「歲數」，長壽者本人似乎另有一套基準。那麼，這又是什麼樣的基準呢。

活在與月曆上的年紀不同的時間軸中

我的年齡觀以月曆上的年齡爲前提，長壽者本人卻不是。讓我察覺這一點的，正是某次與活力長壽者的對話。對象是我在第一章也介紹過的B女士（95歲）及她的丈夫（98歲），這是在和他們聊天時談到的事。

B女士83歲那年買了一台縫紉機，以下我與他們夫妻倆的對話，就從我詢問B女士為何購買縫紉機開始。

春日「您在83歲高齡這年買下縫紉機，是因為期盼自己還能再活久一點嗎？購買時有沒有考慮過自己年紀已經大了？」

B女士「我沒想過活很久這種事，只是一直想著自己想做這個、想做那個，這個念頭會先冒出來。至於自己的年紀如何，今後會怎樣，那些我全部不去想，總之只想著眼前的事。我腦中沒有太久以後的事，總之就是過好眼前的一天，做好眼前的事，也可以說視野狹窄，但我自己在裡面活得很開心就是了。」

春日「這麼說來，對您而言現在就等於是年輕時的延伸囉？不覺得自己已經老了。」

B女士「才不覺得老了呢。爺爺覺得呢？」

B丈夫「對啊，要是人家問『你現在幾歲』，只會講自己現在幾歲幾歲，直到對方驚訝地說『咦！90多歲了啊？』才想到對喔，我已經這把歲數了。」

我之所以問B女士買縫紉機時「期盼自己還能再活久一點嗎？有沒有考慮過自己年紀已經大了？」是因爲B女士買下縫紉機時已經83歲，再加上日本女性平均壽命是87．14歲（2016年調查的數字，順帶一提，根據同一年的調查，男性平均壽命是80．98歲），在我的想法中，這是一般人對「月曆上年齡」的理解。

然而，B女士並非如此。她形容自己「今後會怎樣，我全部不去想」、「總之就是過好眼前的一天，做好眼前的事，自己在裡面活得很開心」，說明了她活在一個與月曆不同的時間軸中。

而在這個不同的時間軸中，她如何充滿活力地過日子，我們也已經在第一章看過了。這個事實說明了，只以月曆上的年齡爲基準來判斷長壽者生活的世界，是一件多麼偏頗的事。

哲學家中村雄二郎曾如此闡述「只看月曆上的年齡」很容易錯過「老年」的真正意義：

「面對『老年』或『老化』的問題時，無論如何都會跑出人『生命週期』的議題。『老年』是一個人從出生到死亡這個過程的最後階段，換句話說，就是最接近死亡的階段。因此，如果只順著時鐘上顯示的水平時間軸來看，人類的一生好像只有年輕時才有活力，年紀愈大就愈失去活力。

然而，未必每個人的一生都是這樣，或者也可以說有垂直切過時間軸的時間，這裡的每個瞬間都有充實感，跳出另一個世界。人類確實是活在物理時空中的生物，但是實際上，我們仍有能力創造出與物理時空大不相同的空間和時間，用這種方式享受人生。」

（中村雄二郎審訂《老年發現》NTT出版，1993年，第48頁）

我採訪過的活力長壽者們正是如此，即使受到超過90歲高齡的物理條件制約，他們每一位都爲自己開創了生活的場域、開拓了另一個時空，不把自己封閉在「上了年紀」的既定概念裡，而是享受著「這裡的每個當下」。

（3）當活力長壽者自覺「上了年紀」時

長壽書的作者認為自己「上了年紀」時

話說回來，儘管我已經知道「活力長壽者」們的生活樣貌，最初的疑問還是存在。畢竟，無論活力長壽者們有否自覺「上了年紀」，他／她們確實站在最接近「死亡」的人生舞台上，這是無法改變的事實。

這麼說來，他們是在什麼時候或何種狀況下直視此一事實，開始承認「自己老了，上年紀了」呢？我一直無法拋開這個疑問。

不過，在我採訪「活力長壽者」的訪談中，很少人提及這個話題，唯一提到這個的，是於第一次訪問的1年後碰巧再次遇見，有了第二次訪談機會的M女士(96歲)和N女士(93歲)。

在進入我和她們兩位的對話前，先讓我們從「長壽書」作者的體驗中，看看他們是從什麼時候開始認爲自己「上了年紀」，以及讓他們這麼認爲的明確原因是什麼吧。

首先是作家瀨戶內寂聽女士，她在88歲那年因爲壓迫性骨折的關係住院半年，過了一段臥床不起的生活。她在書中提及，那是第一次眞實感受到自己「老了」、「上了年紀」。

在「95歲的現在回想起來，88歲那年迎來了眞正的晚年。『88歲起，我眞的老了』」的標題下，她是這麼敍述的：

「在我因爲壓迫性骨折而臥床不起的88歲前，好像很常自豪地把『長壽的祕訣』掛在嘴上。只是，其實當時處於不太認爲自己是高齡老人的狀態，即使被說『長壽』也沒什麼感覺。」

（瀨戸內寂聽、池上彰著《活到95歲是幸福的嗎？》ＰＨＰ新書，2017年，第18頁）

此外，同一本書中，還在「沒必要活得像個老人。按照自己的想法活吧 88歲的『臥床半年』初體驗」標題下這麼寫道：

「醫生宣佈我只能躺著半年時雖然很受打擊，但最令我驚訝的是醫生對我說『畢竟您年紀大了』。罹患白內障時雖然也曾深刻感受到年齡這檔事，直到這時我才第一次被迫面對自己88歲的年齡，這也是第一次打從心底感覺『自己老了』。」

（同前述書，第43～44頁）

這裡最耐人尋味的，是作者提到「最令我驚訝的是醫生對我說『畢竟您年紀大了』」這一點。這部分的描寫，明確顯示出別人根據月曆上的年齡看待長壽者的目光，和長壽者本人對年齡的感覺是有落差的。

另一個清楚點出長壽者感受的，是她即使接受過老化現象之一的白內障手術，仍沒有太多「上了年紀」的自覺。

對88歲之前「不太認爲自己是高齡老人」的瀨戶內女士而言，必須要有長達半年臥病在床造成的日常生活中斷，以及無法不接受他人照護的經驗，才終於讓她「打從心底感覺自己老了」。

令人深感年紀大了的兩個面向

另一個相似的例子，是腳本家橋田壽賀子女士，在書中以「我的晚年始於88歲」爲標題寫下的這段文字：

「92歲的現在，我才知道自己錯了。以前我一直認爲，人生沒有什麼晚年或餘生。

還在以前出的書裡這樣寫：

〔是從何時開始算入晚年的範圍呢。像是退休後或不再養兒育女之後，這類說法我可以理解，但所謂「晚年」指的到底是什麼時候呢？〕

（中略）

可是現在，我已經在晚年了，也自覺這完全就是餘生。促使我察覺這點的是體力的衰退，從慶祝88歲大壽那時起，身體開始撐不住了。有時會突然腳痛，有時會突然背痛，外出時也一定要拜託人陪，否則哪裡都去不了。這時我才猛然發覺『啊，這就是晚年呢』。」

（橋田壽賀子〈我的晚年始於88歲〉刊登於《文藝春秋》2017年10月號，第318頁）

橋田女士自覺來到「晚年」的年紀，碰巧和瀨戶內女士一樣都是88歲。但是，與其說帶給她們這份自覺的是「88歲」這個年齡因素，不如說是「體力的衰退」和日常生活必需由他人協助而來的體悟。

橋田女士在另一本書裡這麼寫：

「（前略）忙於工作的時候，根本無暇思考關於死亡的事，『如果身體不健康，就寫不出讓大家喜歡的劇本了』這樣的心情更強烈，所以也很注意健康。但是現在，正如各位所知，沒有人對我有需求，我已經是沒用的人，這輩子已經結束，會陷入『差不多該開始思考死亡』的心境也是理所當然。」

（橋田壽賀子著《請讓我安樂死》文春新書，2017年，第67～68頁）

從這段文字我們可以知道，即使在將近90歲高齡時，爲了回應社會的「需求」，每天勤於執筆創作，這對橋田女士而言不但是日常習慣，也是理所當然的生活。但當她認爲「社會不再需要自己」，就等於失去了日常習慣，無法再做原本每天做的事，再加上「體力衰退」導致行動不便，需要別人協助，使得橋田女士開始思考「死亡」，也才自覺已來到「晚年」階段。

這麼看下來，不限瀨戶內女士和橋田女士，讓「活力長壽者」們察覺自己

「上了年紀」的關鍵，往往都是因爲「無法再做日常習慣做的事」，或是「體力衰退」到需要人照護、協助。

以上述兩位作者的情況來說，只是讓她們體悟到「老了」的年紀剛好都是「88歲」，其實產生這種體悟的年齡因人而異。有人超過90歲仍覺得自己「很有活力」，像是B女士及她先生那樣說「從來不覺得自己老了」的例子，一定也有以年齡來說更年輕時就生病或受傷，陷入需要他人照護的狀態，喪失生存的毅力，懷抱「我已經老了」心情度日的人吧。

一口氣衰老的N女士——失去日常習慣意味著什麼

話說回來，因爲這兩點（「日常習慣的喪失」與「體力的衰退」）經常同時發生，兩者之間是如何互相糾結影響的，反而不太有人討論。然而，一如有人在重拾日常習慣後恢復了體力，也有原本體力還行的人，只因爲失去日常習慣，連帶造成嚴重的體力衰退。

活力長壽者察覺自己「老了」的關鍵和這兩點又有什麼樣的關聯呢。

促使我開始思考這個問題的，是前面也稍微提到過，「第一次訪問的1年後碰巧再度遇見，有了第二次訪談機會」的M女士（96歲）和N女士（93歲）。

M女士一人獨居，N女士則是和兒子媳婦及孫子過著五人家庭的生活。

兩人是交情超過60年的好朋友，現在雖然住在不同縣，每年都會找幾次機會相約在兩縣交界處的溫泉旅館住個4、5天，順便敘敘舊。溫泉旅館的老闆娘介紹她們兩位給我認識，於是有了第一次的訪談。沒想到，第一次訪談時還很有活力的N女士，1年後看起來完全「衰老」了，關於這件事我們也做了一番討論。

第一次訪問兩人時，我的第一個問題是「兩人除了約在溫泉旅館碰面外，平常還有其他形式的往來嗎」。

春日　「兩位持續超過60年的交情真是厲害，除了來這裡之外，平常也會相約或往來嗎？」

M女士　「N這方面很勤勞，每星期都會打電話給我，我們平日往來主要就靠這個了吧。」

春日 「是喔！1星期講1次電話好厲害喔！那兩位在電話裡都聊些什麼？」

N女士 「都是些小事啦。像是『最近好不好啊？』或是『我今天買了花，插在玄關，很美喔』、『想說番茄差不多該熟了，結果全部被猴子偷摘走，兒子就幫我掛了網子』之類的，總之都是些雞毛蒜皮的小事啦。」

就像這樣，1年前還很有精神的N女士，在我第2年遇見她們時，整個人蒼老了許多，完全喪失了活力。年紀稍長的M女士對我解釋了那1年內發生的事。

春日 「和去年比起來，N女士好像變得很沒精神。」

M女士 「是啊，以前她從來不會說『我老了，只會給兒子添麻煩，還是早點死了算了』這種話，現在也開始說了。

去年她還會下田種花種菜，今年因爲手痛，就沒辦法這麼做了。N的兒子很孝順，跟她說『媽平常什麼都不用做也沒關係』，就連她想做家事，也怕釀成火災太危險，想掃地又擔心她跌倒，什麼都說『您不用做沒關係』，結果她就什麼也沒做了。再加上現在耳朵不好，電視不開大聲就聽不到，又怕吵到家人，結果只能看畫面不聽聲音。要這麼無所事事地過每一天可眞不容易啊。

眞的，和去年比起來她整個體力都衰退了，看上去總像在發呆。我是因爲自己一個人住，要是不動手做連飯都沒得吃，不打掃就會住在垃圾堆裡了。所以，我每天要做的事情還挺多的，過得很忙碌。」

這裡引用了很長一段對話，是想強調N女士失去長年來的日常習慣，沒法做家事也不再下田工作，連看電視的樂趣都沒了。M女士認爲，正因N女士失去了這些日常習慣，才會在1年之間體力與活力一口氣「老化」。

在思考關於「活力長壽者」的「活力」時，這是很重要的觀念。在某些集體居住的老人安養院中，即使得花上比較多的時間，院方也會讓入住者跟著工作人員一起做家事。這是爲了讓長輩們繼續長年下來的生活習慣，因爲這麼做才能保持他們的「活力」。

我們也在第一章裡看到「活力長壽者」們將日常生活的功課分成每天做的、每星期做的、每個月做的和每個季節做的，用自己的方式擬訂行事曆，按表操課，把這些事當作日常習慣，有始有終地執行，甚至對這樣的自己擁有一份自豪。

完成養成習慣的日常課題，其實就是做好答應別人的事，也是完成對自己的承諾。答應別人什麼事得去做，或是對自己有所承諾（＝擁有必須執行的日常課題）時，就能養成一個人的「毅力」。每日持續習慣做的事，還能減緩體力衰退的速度，維持「活力」。這就是「習慣」的力量。

然而，N女士在1年內失去了原有的習慣，不但令她失去「活力」，更使她在沒有大病的情形下，只因生活無所事事導致體力迅速衰退，開始說起「我老了」、「還不如死了算了」這種話。

可見，喪失生存的力氣，會使人一口氣「老化」。

以生活習慣構成的月曆能超越月曆上的年齡

關於習慣的力量，詩人長田弘曾透過對貓的生活觀察，做出如下描述：

「貓不像人類擁有語言，貓的語言就是每天的習慣。一隻貓每天的生活樣貌，就由那隻貓每天的習慣堆砌而成，吃飯的時間、散步的時間、睡覺的時間。和貓在一起，就會理所當然地知道堆砌出一隻貓每日生活樣貌的習慣，這些習慣說明了這隻貓如何度過、使用、維持這一天。

一隻貓的習慣，就是一隻貓的特色。和貓一起生活，自己也會在不知不覺中強烈意識到習慣的力量。不同的生活方式來自不同的生活習慣，不同的生活習慣堆砌出不同的生活樣貌，也可以說，生活習慣是每個人使用自己人生時間的方式。」

（長田弘著《懷念的時光》岩波新書，2013年，第197～198頁）

和貓一樣，同爲生物的人類也可以說「堆砌出一個人每日生活樣貌的習慣，說明了這個人如何度過、使用、維持這一天」。同時，透過執行每日課題的方式，按照自己的方式配置生活裡的習慣，就能打造出不受「月曆上的年齡」支配，「與物理時空大不相同的空間和時間」。第一章中介紹的「活力長壽者」們的生活，正可說是如此。

是要在電視機前打瞌睡茫然過一天，還是設定好每天、每個月、每一季該執行的課題，帶著積極生活的心情。每日課題指的不只是如何度過「現在、這裡」的「一天」，也包括每個月，每個季節分別該完成的事，這些安排成爲對未來的「期盼」，刺激了積極生活的心態。第一章中描述A女士「每年初夏都要醃漬蕗蕎」、「每逢魩仔魚產季就製作小魚乾送禮」，不就正好符合這樣的性質嗎。

早已退休的「活力長壽者」不必再配合「月曆上的年紀」工作或育兒，對現在的他們來說，按照日常習慣配置的時間與空間的性質，更大大影響了他們對年齡的感受。

維持健康、與外界的交流、撫慰心靈的興趣嗜好……這些都是爲每日生活補充殺力的活動，能將這些活動當作日常習慣配置在生活中，按照自己的方式打造「習慣曆」的人，對年齡的感覺肯定超越「月曆上的年齡」，而更符合「習慣曆上的年齡」。「因爲自己還能做得了某某事，所以還沒老」，有點像是這樣的感覺。

讓這些長壽者終於深切感受到「老了」的，多半是因爲生病或受傷，難以再按照日常習慣完成每日課題的時候。不只限於「活力長壽者」，多數高齡者都是在這一刻來臨時才確實感受到自己「已經上了年紀」。

此外，愈是鼓勵「終身不退休」的想法或獎勵高齡者自立，現代日本高齡者對年齡的感覺就會愈朝這個方向變化。

序章中提到，在「人生百年」的這個時代，已經很難實現「今天活跳跳、明天死翹翹」的臨終了，現代的情況是從「活跳跳」到「病懨懨」，最後才終於「死翹翹」。

從對年齡的感覺來看，或許也可以這麼說：

就算「高齡者」來到月曆年齡上被分類爲「高齡者」的年紀，體力衰退，罹患數種疾病，腰腿無力，可以用「垂垂老矣」來形容，但只要某種程度仍維持著日常習慣，就不會打從心底覺得「自己老了」，在這樣的心態下一路活到80、90多歲。直到進入長壽期後，某天因爲大病或受傷「溘然倒下」，難以恢復，才會眞的認同自己老了。今後的時代，這樣的長壽者應該會愈來愈多吧。

這一方面是可喜的變化，一方面卻也可能帶來嚴重的問題。

《第三章》家庭結構的鬆動與長壽期生活的風險

——無法為「病弱體衰」做準備的高齡者們

（1）需要的是「未雨綢繆」的觀念

明明自己哪天可能「非讓人照顧不可」，卻從來不去思考這件事的高齡者

支援者A　「我覺得問題是，家庭的組成都和從前不一樣了，卻還在那邊說女兒會照顧自己吧，媳婦會照顧自己吧。沒有人會去想說自己也得做點準備。最多的例子是兒子一家人住在主屋，高齡者住在偏房，然後兒子一家人對高齡者完全不聞不問，這種例子愈來愈多。最後是嫁出去的女兒來跟我們說『我娘家是斷交狀態，哥哥嫂嫂有跟沒有一樣，老人家就拜託你們了』，這樣說著請我們去照顧。」

支援者B　「一般人對『人生最後的準備』只會想到臨終醫護和後事，幾乎大家都忽略了在那之前『需要支援與照護』的階段，很少人具體思考這個階段的事。前陣子一位90歲的獨居男性打電話來說『身體不舒服，快

幫我想想辦法』，我們去家訪，才發現他沒好好吃東西，之前就令人很擔心了，但他老是只說『等我死了骨灰撒進海裡就好』，給他各種建議也無動於衷。」

支援者C

「高齡者本身大都把自己的將來推給家人。至於獨居的人，如果問『有沒有思考將來的事』，他們也只會說『等臥床不起就去住安養院或醫院』，大部分人都沒有具體想法。

上次也是，一位91歲獨居女性長輩的案例就令人一陣手忙腳亂。她的丈夫已經過世，又沒有小孩，也沒有保證人。之前她身體還比較硬朗時，我們問她『對今後的事有什麼打算？』她還發了一頓脾氣，說『你以爲我什麼都沒考慮只是渾渾噩噩過日子嗎？』結果，今年她反覆了幾次壓迫性骨折，就跟我們說『自己一個人住很不安，想住進安養院』，可是卻沒有採取任何具體行動，我們只好緊急拜託NPO當保證人，好幫她安排短期入住，搞得人仰馬翻。」

支援者A、B、C分別是支援在宅高齡者的家訪護士、地區整體支援中心職員和專業照護員。儘管職業不同，三人共同的看法都是「明明總有一天必須倚靠他人幫助，高齡者們卻不趁還有精神體力時思考安排到時候的事，這種態度會在病倒時使他們陷入窘境」。

我在高齡者支援第一線不知道聽過類似的話多少次。說起來，正因聽了太多這樣的事，我才興起訪問在自家生活的「活力長壽者」的念頭。原本我的想法是，這類案例雖多，那些住在自家而不是安養院，年紀超過85歲甚至90多歲的長壽者，總該對自己有朝一日病倒時的事預先安排了吧。

沒想到，訪談過許多「活力長壽者」後，現在我才知道支援者們的實際感受有多正確。對於自己有朝一日倒下時的事，無論是否抱持不安，已有具體準備的人實在太少。不只是支援對象的少數高齡者，這幾乎可以說是一般高齡者身上常見的傾向了。

連活力長壽者都「雖然覺得必須去做，卻不知該做什麼」

以我訪問過的「活力長壽者」來說，大部分人都只想過「不用擔心墳地的問題」、「已加入葬禮互助會」、「遺產繼承的事處理好了」等關於「後事」的部分。

然而，關於不久的將來，自己必須受人照護時，「要把照顧自己的事託付給誰」這件事，則幾乎所有人都沒有和家人具體談過。

前一章提到在1年時間內迅速衰老的N女士，我曾問她「如果就這樣不能走路的話，有打算怎麼辦嗎？」她也只回答「只能靠兒子了」。其他人也一樣，若是還有家人能依靠的人，不管是否住在一起，他們的答案幾乎都是「反正我有兒子、女兒」或「反正有媳婦」。若是沒有小孩或就算有也無法依賴對方的人，則多半回答「船到橋頭自然直」、「現在想那麼多也沒用」、「只要有錢，總有辦法吧」或「都這把年紀了，不去想那種事」。

即使是超過90歲仍爲自己開拓新生活、新世界，活得精神奕奕的「活力長壽者」，在面對「明天可能倒下，自己該如何應對」的問題時，還是很多人直接把問題丟給子女，或是用一句「船到橋頭自然直」打發，回答不出自己具體希望怎麼做，也不去做需要的準備。

這眞教人感到不解。這些長輩積極參與群體活動，樂於勞動身體，也很重視飲食，我不認爲他們只是單純的無知。

其中也有幾個人說「雖然知道該做點什麼才好，但具體來說卻不知該從何下手」，或是「就是不知道該做什麼準備才好啊」。

聽他們這麼一說我才明白「原來如此，卽使感覺到必須做點準備，仍不知道該怎麼做才好，這應該就是高齡者面臨的現狀了吧」。

為何不是「為後事做準備」，而是「必須為晚年做準備」

「爲後事做準備」和因應倒下後需要人照顧時的「爲晚年做準備」有什麼不同？

「後事」的準備包括「葬禮」、「繼承」、「墳墓」、「是否接受延命治療」、「生前整理」等。「爲後事做準備」的性質，比較偏向「爲了自己死後不給家人或他人添麻煩」。

然而，如果晚年也想一直住在家裡（不去住安養設施），等待自己的就是「垂垂老矣」的人生階段。「爲晚年做準備」爲的是將進入此階段後衍生的種種生活上的風險降到最低，趁著自己還有判斷力和體力，還能自己決定事情時，搜集社會福利、醫療、照護等相關制度情報與必備知識，學習應對方法，重新安排生活方式，重組人際關係等。

就這點來說，「爲晚年做準備」的性質和「準備後事」大不相同。此外，也和「溘然倒下」後的「照護問題（以身體照護爲中心，牽涉到照護者與被照護者之間的關係）」不同。

然而，在我剛開始接觸高齡者支援第一線的1990年代，還沒有聽過像支援者A、B、C這樣的說法。爲什麼現代的支援者們開始談論起「高齡者自己做好晚年準備」的必要性呢？

這是因爲，進入需要人協助的高齡期後，高齡者本人的觀念與負責照護的家人的觀念，近年來不斷朝相反方向演變。

也可以說，目前的社會愈來愈強調老年人「終身不退休」或鼓勵老年人「獨立」，而在這樣的風氣中，高齡者的觀念正在朝「不認爲自己老了」和「重要的是打造健康的身體」演變。與此同時，現實問題則是在高齡者人口中有半數超過75歲的長壽化趨勢下，社會上的家庭結構與過去已大不相同，身邊沒有子女或親人照護的高齡者愈來愈多，一旦出事或倒下就無人可依靠，遇到這種狀況時將不知如何是好的人逐年增加。

需要照護的高齡者中，子女不在身邊的佔四～五成的時代

讓我們來看看２０１５年的「國勢調查結果」。

卽使是85歲以上的高齡者戶口，只有24．1％的男性與30．3％的女性屬於與已婚子女或孫子同住的傳統「非核心」家庭。

只看男性戶口的話，有32．9％屬於「夫妻同住」，13．5％屬於「一個人住」，15．9％「與單身子女同住」，13．3％「住安養院等設施」。

女性戶口方面，只有5.9％「夫妻同住」，22．1％「一個人住」，15．0％「與單身子女同住」，26．3％「住安養院等設施」。

過去，超過85歲的高齡者臥床不起後由子女照護是理所當然的事，但是今日超過85歲的高齡者光是「和誰住在一起」的狀況都如此多樣，尤其女性高齡者比男性更長壽，狀況的多樣化更爲顯著。

再者，活得愈是高齡，「白髮人送黑髮人」的風險愈高，就算還與子女住在一起，與一個家庭平均生五個小孩的「明治時代」相較起來，現代高齡者到最晚年期時，無法依靠子女照護的風險提高了許多。

事實上，在「現代日本的戶口變動——第7屆戶口動態調查」（國立社會保障・人口問題研究所，2014年）中便提出了一份關於「需依賴他人照護之高齡者與子女關係」的報告。

從這份報告看來，「一個人住」且「無子女」的戶口佔了14％，「子女不住同一都道府縣」者爲8.5％，「子女住同一都道府縣」者爲17．1％。

【圖3】「需依賴他人照護之高齡者」(一個人住、夫妻同住戶口)項目中，住得最近的子女之居住地

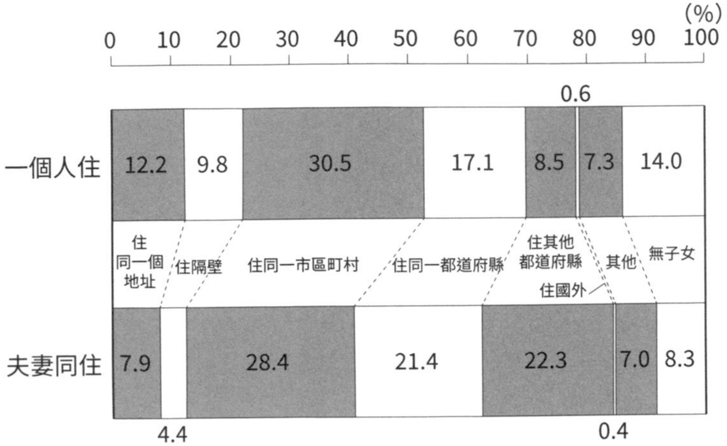

注：「其他」表示「住得最近之子女居住地不詳」及「有無分居子女不詳」的合計。

【出處】第7屆戶口動態調查 現代日本的戶口變動（國立社會保障．人口問題研究所，2014年）

「夫妻同住」且「無子女」的戶口佔了8.3%，「子女不住同一都道府縣」者爲22.3%，「子女住同一都道府縣」者爲21.4%。

換句話說，高齡者老邁病倒後，身邊沒有「住在同一市區町村」的子女，必須靠自己想辦法過日子的「需依賴他人照護之高齡者」，無論在「一個人住」戶口或「夫妻同住」戶口中，都佔了很高的比例【圖3】。

不只如此，誠如支援者A所說，就算是與子女同住的家庭，住在同一個屋簷下的家人也可能與高齡者互不往來，這種案例愈來愈多。與過去「住在一起就等於照顧父母」的時代相比，現代照護保險制度慢慢落實，父母與子女分離的傾向愈來愈強。

在這樣的家庭結構變化下，支援者才會做出「高齡者最好在自己還有精力時做好晚年準備」的建議。

然而，站在高齡者的立場，明知「有備無患」，還是不知道該準備什麼才好。即使感覺到有必要，現代的長壽化使高齡者來到「前人未至」的境界，沒有足以作爲「範本」的生活方式可供參考，愈來愈多人只是茫然抱著「總會有人幫忙吧」或「船到橋頭自然直」的想法，直到那一刻來臨才發現措手不及。

既然如此，「趁還有精力時先做好的準備」到底必須做什麼呢，不如聽聽已經做到的人怎麼說吧。我重新這麼思考，開始找尋「直到85歲左右都是活力長壽者，85歲之後進入長壽期，生活出現劇烈改變」的高齡者及其家人、親友，請他們接受訪談。

這類「高齡者倒下時的照護問題」，至今多半被視爲醫療、照護及社福問題，一直都放在支援論或照護論的脈絡下討論。

然而，換個角度想，我認為將這個問題放在「高齡者的生活方式、生存之道」文脈下檢視，釐清高齡者在還有餘力時該學習做好哪些準備，或許也有討論的意義。

（2）有子女的長壽者「無人可依靠」的親身經歷及其生活風險

顛覆「養兒定能防老」觀念的兩大變化

85歲以後的「長壽期」與70幾歲前的「高齡期」最大的不同，就是進入長壽期後，伴隨著年齡的增長，身體與心理皆出現顯著的「虛弱化」。高齡者自己認為的「健康」，和實際上「身體脆弱的程度」產生落差，乍看之下不嚴重的疾病或骨折都有引發重症的風險。

「這不是在開玩笑，我們那一區有位91歲的獨居長輩，某次上完『百歲體操』教室的課後，回家時在玄關跌倒骨折，送到醫院就此臥床不起，現在已經演變爲失智症了。」一位該地區的民生委員這麼說。

這種時候，有沒有事先做好「準備」將大大影響長壽者的命運。有沒有能依靠的子女也是一個變數，每個人該做的準備各不相同。

首先，從「有子女但什麼都沒準備」的人遇到的問題開始看起吧。

有子女的長壽者比較沒有未雨綢繆的觀念，背後的原因在於「不管怎樣子女們總會想辦法吧」的想法。即使近年這種想法漸漸式微，「依靠子女」（尤其是被視爲「繼承衣缽」的兒子）的傳統價值觀還是存在的。

可是，這種父母輩視爲理所當然的想法，到了子女那一代開始出現兩個變化。

第一個變化是，即使父母認爲「孩子應該會照顧自己」，內心抱持著「可以依靠子女」的想法，子女（尤其是兒子和他的家人）未必會認爲「照顧父母是天經地義的事」。

第二個變化是，當人們活得愈來愈長壽，「白髮人送黑髮人」的可能性就愈高，在長壽化的趨勢下，父母輩的長壽者愈來愈多，也代表著「子女比自己先離世」的人愈來愈多。

我們先從第一個問題，也就是「親子之間對家庭觀念的差異」開始看起吧。

以下介紹的案例，是前述支援者A也提過，「最近愈來愈多這種例子」的「兒子一家人住在主屋，高齡者住在偏房，兒子一家人對高齡者完全不聞不問，最後由嫁出去的女兒來照顧」的O女士。

①臥病不起後，遭原本住在一起的兒子一家不聞不問的O女士（95歲）

《O女士的個人檔案》

O女士95歲，出生於1923年（大正12年）。丈夫於1年前過世，現在她住在家中的偏房，主屋給兒子（65歲）一家人住。O女士直到85歲後仍熱衷社交，92歲前不用依賴子女照顧，自己也能一肩扛起家事，管理名下出租的房屋，是一位「活力長壽者」。然而，93歲時病倒，當時因爲相信接下來兒子會照顧自己，便將名下存摺、房屋權狀和印章等全部交給兒子。不料，出院後兒子媳婦對她不聞不問，拒絕負起照護責任，最後是由住在同一市內的長女（70歲）定期過來探望照顧，同時利用國家的照護服務制度加上自費聘請看護，才有辦法維持住在家中的生活。

O女士第一次病倒是93歲那年夏天，起初連續發燒但自己沒有察覺，硬是撐著身體，最後病情加重才住進醫院。

O女士　「那時天熱沒食慾，躺著翻來覆去了一陣子就動彈不得了。病倒後大概有100天時間讀不懂字，聽不懂別人說的話，後來是眼睛看不到，耳朵也聽不到，整個人都變成大傻瓜了。」

之後O女士病狀慢慢減輕，終於即將出院時，長女問：「聽說現在的時代不用去住安養院，也提倡老年人在家生活喔。媽媽覺得怎麼樣比較好？」O女士希望能住在家裡，卻因爲這樣和生活在主屋、「繼承了家業」的兒子一家人產生裂痕。

對手頭寬裕的O女士來說，寧可支付照護保險的保費和自費聘請看護也想住在自己家中，兒子媳婦卻大力反對。

關於當時的事，長女是這麼說的：

長女

「我對弟弟說『媽媽說她想住家裡，就這麼辦吧』，弟弟卻說『讓她回家是不可能的事，既然有錢爲何不去住安養院』。感覺得出他對照顧病弱母親感到厭煩，似乎想逃避爲人子的責任，只會一直說『幹嘛不去住安養院就好』。」

經過這番爭執後，最後從O女士已交給兒子保管的存摺裡拿錢支付看護等照護服務的費用，再由女兒每週到家探望2次，以這種方式讓O女士留在自家生活。

O女士在這樣的狀況中陷入的問題是，原本自己可自由運用的金錢都沒了，必須面對經濟上的不自由，每天活在對兒子（尤其是兒媳）的不滿中。

長女
「因爲錢都在弟弟管理下，給看護的錢也由他來支付。遇到和母親合不來的看護辭職時，弟弟就會責罵母親，說『都是妳不好』，母親一被罵就很沮喪，心情大受打擊而一蹶不振。另外，母親也同情每週得通車來照顧她的我，想給我一點零用錢卻連這都沒辦法。該說是家庭裡的權力關係使然嗎？總之，那明明是她的錢，自己卻不能自由運用，所以母親總是很內疚，還說自己沒有用。」

O女士
「是啊，兒子媳婦連看也不會來偏房看一眼。其實那些錢都是我和先生存下的，就算拿來用（在我身上）也傷不到兒子的荷包，照理說應該一點也不心疼才對，但是站在兒子的立場，如果沒有我的話，他就可以不用吐出更多錢了吧。以前明明是個貼心的好孩子，現在卻變成這樣……」

對父母而言的「理所當然」與兒子這一方的說詞

對於成長於戰前，結婚後又當了一輩子長媳的O女士來說，自己病倒後由兒子來照顧是根深蒂固也理所當然的家族觀。因此，關於自己病倒後的事，她過去從來不會與長男夫妻或長女商量，也從未搜集醫療相關資訊、醫療制度、社會福利制度或照護保險制度的情報。她一直毫無根據地相信兒子一定會做出最好的對策。

然而，站在兒子的立場，母親去住安養院才是最好的對策。住進安養院的話，就不用勞煩妻子照顧母親，只要付錢就能盡到做兒子的義務。

但是，母親卻說她想住在家裡，這麼一來，就不得不拜託妻子處理協調照護服務、接洽看護與支援者等不熟悉的事務，每天還得負起守護家中老母的責任。看到妻子不情願接下這份差事，身爲丈夫的他也無法勉強。畢竟對他來說，配偶是「妻子」，可不是「媳婦」。

至於財產這方面的事，當O女士把存摺、權狀和印章過戶給兒子時，從那一刻起，他就成爲這些東西的所有人，所有權在他手上而不是母親手上，對他來說，想怎麼用都該由自己決定，沒道理接受母親的抱怨。在兒子的觀念中，「繼承家業」就是這麼一回事。只是他表現出來的言行舉止，看在母親和姐姐眼中就成了「不貼心」，加深了兄弟姐妹間的摩擦也加重了老母親的怨歎。這都是這類案例經常可見的特徵。

此外，擁有傳統根深蒂固家族觀念的長壽者面對的困境，還不只是與子女同住時遇到的這類窘境，正因他們是「長壽」的父母，所以還有可能面臨「白髮人送黑髮人」的遭遇。

在我開始對「活力長壽者」的訪談工作前，也從沒想過長壽期就是一個「白髮人送黑髮人」風險極高的人生階段。然而，隨著訪談次數的增加，我認識了好幾個有這種「子女早逝」經驗的長輩。

像是第一章介紹過的A女士，她在86歲時50歲的女兒就因病過世，她也因此意想不到地展開與女婿共同生活的日子。

此外，還有一位與第三個兒媳住在一起的100歲女士，她原本有三個兒子，其中老三在她94歲時過世，97歲時又失去了第二個兒子，現在長男（79歲）重病臥床，連見上一面都很難。

而我在訪問過有這些遭遇的長輩後，才重新體認到，對原本想把人生最後階段託付給子女照顧的長壽者來說，「白髮人送黑髮人」會讓他們陷入嚴重的困境。

P女士的例子便是如此，她在88歲前都是一位「活力長壽者」，但卻因兒子的過世過起意料之外的生活。

②期待兒子回老家照顧自己，兒子卻過世了，面臨意想不到人生的P女士（98歲）

《P女士的個人檔案》

98歲。P女士的丈夫在她68歲時過世，之後她便一個人生活。因爲P女士喜歡照顧人的個性，直到88歲爲止都交友廣闊，還幫兩個女兒帶小孩（也就是她的外孫）和在地方社區擔任幹部的角色等等，是一位朝氣十足的「活力長壽者」。大女兒住在鄰市，二女兒（61歲）則和P女士住在同一市內。然而，就在P女士88歲那年，原本已決定退休後回鄉和她同住的長子過世了。失去長子的悲傷引發了P女士的失智症，她開始住進二女兒家。

P女士病倒後，和她住在一起，負責照護她的二女兒如此描述母親從88歲之後這10年長壽期的苦境：

二女兒

「哥哥原本預計退休後和嫂嫂一起回鄉和母親同住，算是繼承家業，順便守住家墓，母親也打算將自己晚年的照護工作及後事託付給他。沒想到母親88歲時哥哥病逝，大受打擊的母親出現失智的症狀並且迅速惡化。

之後，我將母親接到自己家來住，但她總說不能讓嫁出去的女兒照顧自己，也很顧慮我丈夫的臉色。雖然讓她在我家住了將近10年，今年初母親罹患流感，之後又引發肺炎，住進醫院，再加上她的眼睛發作了幾次青光眼後幾乎失明，很難繼續住在家裡，於是先住了1個半月的醫院，出院後在老人照護保健設施住了3個月，離開那裡後，好不容易才找到有看護的付費安養院，現在就讓她住在那裡。

從母親住院起，她就開始連續失眠與異常頻尿，每當她想表達尿意時，因爲眼睛看不到只好大吼大叫，搞得安養院工作人員受不了，請醫生開了精神方面的藥物給她，藥物副作用使母親的人格逐漸崩壞，我眼睜睜看著她變成這樣，每天都過得好痛苦。醫院也很花錢，比起診療費，病房費和白天的看護費用就要幾10萬，安養院每個月又要繳20幾萬，光靠媽媽的年金終究不夠用，只能漸漸動用她的存款。」

失去兒子的悲傷，加上必須顧慮並非發自眞心照顧自己的女婿，這樣的生活與接二連三來襲的病魔形成了重重苦境，這就是P女士在失去兒子之後過的日子。

接到兒子過世消息前，P女士肯定作夢也沒想到自己會落得這般田地。這點P女士的二女兒也一樣，她說：「在哥哥過世，母親病倒前，怎麼也沒想到等待自己的會是照護母親的生活。」

為了不在「病倒」後陷入窘境，應該先做好哪些準備？

到這裡，我們看了兩位事前沒做任何準備的長壽者O女士和P女士的痛苦案例。遭遇像她們這樣的苦境時，如果自己沒有足夠的經濟能力，又是沒有照護保險的時代，老年人似乎只能接受這樣的命運。

然而，這兩位經濟無虞，又活在有照護保險的現代，病倒前是自認也公認的「活力長壽者」，爲什麼到最後還是陷入那種窘境了呢？爲了不讓自己陷入同樣的窘境，必須做哪些準備？

首先，她們兩位必須做的，是在還有精神體力時，就先想好萬一自己倒下時想住在哪裡？接受誰的照顧？先確定自己的意願，而不是把自己人生最後的階段一味丟給子女，否則一旦發現「無法依靠對方」，長壽期脆弱的身心將無法接受事實的打擊，造成更大的痛苦。

其次必須做的，是如果自己有子女，千萬不要擅自認定他們能理解父母的想法，也不要期待他們能做到自己期望中的事。因爲父母與子女活在不同世界，價值觀也不一樣，最重要的是，戰後養成了新世代家庭觀念的子女，無論親子觀或夫妻觀都與父母世代大不相同。因此，若是有好幾個子女，就該趁自己還有精神體力時，利用慶祝大壽或中元節、過年等全家團聚的節日，事先把自己的規劃和意願告訴所有子女，讓大家都先知道父母的意見，或許就能減少O女士案例中那樣兄弟姐妹之間的摩擦。

除了爲人父母事先該做的準備外，支撐了母親長達10年長壽期生活的P女士二女兒提出幾個例子，認爲做子女的自己也該先做好某些準備才是。

二女兒　「我後來強烈認爲自己準備不夠周到。早知道，應該趁母親失智症狀還不嚴重時，就算難以啓齒也要把該問的事問清楚。像是已經無法在家中照顧她時該怎麼辦？如果不得不住進安養院，她想住什麼樣的地方等等。我應該早點和母親一起思考、討論，也具體去參觀幾個設施，詢問費用方面的事才對。

以前我根本不知道去醫院住院時，除了醫療費之外，病房費和看護費得花上那麼多錢。

從綜合醫院出院，還無法馬上回家時，能暫時住進哪些醫院或設施，必須花多少費用，在那裡能接受何種服務，能住到什麼時候爲止，這些我也都不知道。

我更不知道其實醫院或設施的諮詢窗口並不會具體提議母親住哪間設施最適合，也不會主動幫我們找還有空床位的設施。家有高齡父母者，真的應該所有家人一起事先好好思考討論這些事才對。」

以她的狀況來說，事先並不知道罹患失智症的母親會因爲這種疾病的症狀而需要住單人病房或需要看護，而這些都需要高額的花費。此外，直到親眼見到母親在安養院裡過著狀況極差的生活，才終於知道醫院和照護設施的現狀。而她後悔的是，過去沒有事先學習相關知識及搜集相關情報。

（3）當獨居的「活力長壽者」倒下時

趁還有精神體力時該做的事——找好支援自己、為自己處理後事的人

以前述O女士和P女士的狀況來說，雖然原本想依靠的子女無法依靠了，幸好還有其他子女接手照護的工作。

然而，大正後期出生的長壽者世代中，原本就沒有子女，或者就算有子女也無法依靠的人愈來愈多。

沒有子女的人、有子女但子女已經過世的人、有子女但住在國外或遠方而無法依靠的人、長年與子女疏遠，親子關係不好的人，還有單身一輩子的人……各種狀況都有。

這些人的狀況和還有子女可依靠的人狀況不同，需要做的準備又不一樣。

舉例來說，本章開頭提到的支援者C說的「丈夫已經過世，沒有子女也沒有保證人」的91歲獨居女性就是如此。她的情況是已經與支援者C之間建立起聯絡管道，支援方才能緊急爲她「拜託NPO」當保證人，解決眼下的問題。

如果是獨居且身邊沒有熟悉自己獨居生活內容的人，最重要的是發現問題時，必須有協助自己尋求支援、介紹醫療機構或照護服務機構以及在那之後仍持續提供協助的人，以這種方式預先做好準備。尤其是失智症經常在當事人自認爲「自己還很健康，還能靠自己過日子」時就開始悄悄發作，爲了將失智症狀造成的生活風險壓到最低，也該事先做好上述準備。

【圖4】按照不同年齡等級推測之失智症患病率

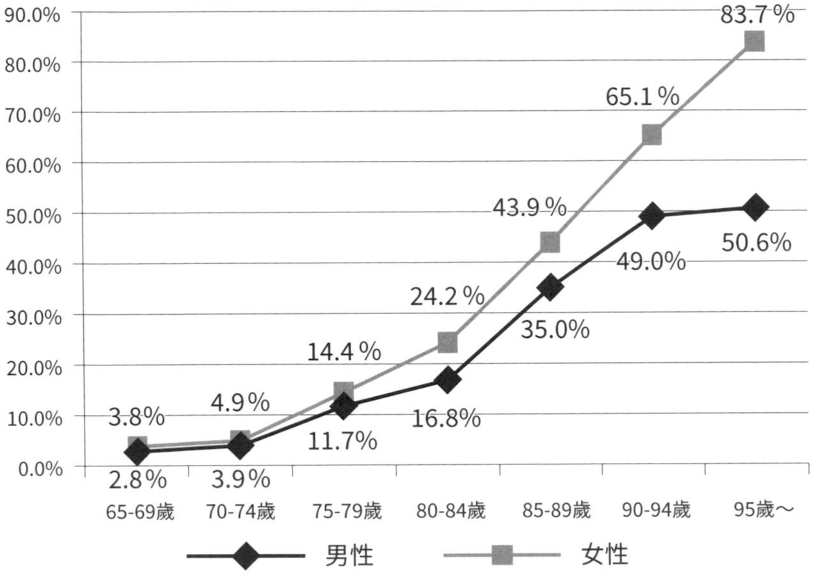

【出處】朝田隆等人著《都市地區失智症患病率與對失智症造成之生活機能障礙之對策　平成23年度〜平成24年度綜合研究報告書》（厚生勞動省科學研究費補助金失智症對策綜合研究事業）

再看失智症的患病率，80〜84歲男性的患病率爲16．8%，女性爲24．2%。到了85〜89歲時，男性患病率爲35%，女性爲43．9%，將近上一個級距的2倍，再看90〜94歲這個級距，男性患病率已達49%，女性則是65．1%，95歲後男性患病率爲50．6%，女性爲83．7%，隨年齡增長急速上升。

和男性相比，女性的失智症患病率又特別高。現代是長壽化的時代，也是每個人都必須預先爲失智症做準備的時代【圖4】。

在高齡者支援第一線的學習會上，有位保健師這麼說：

「我在2006年經手過一位獨居女性，當年她70多歲，現在84歲了，聽說幾年前罹患失智症，狀況逐年惡化。最近聽說她的消息，是因爲住進安養院必須辦理手續，由市長申請辦理了成年監護[1]。記得當年她身體還很硬朗，是教皮雕的老師，經濟能力還不錯，我還曾想過就算不結婚，像她那樣的生存之道也很好。

當時，她也曾對我說過『我孤獨一人沒有結婚，也沒有小孩，未來能依靠的只有表姐妹的小孩了』，想來她也不會爲人生最後階段做準備，應該也沒想過自己會得失智症吧。我們幾個支援單位的工作人員還在說『原本活得那麼積極有行動力的人，眞應該趁著還有精神體力時自己指定成年監護人才對』、『畢竟現在是這樣的時代了啊』。」

1 原文為「成年後見」，是日本民法中的「成年後見制度」，為因應高齡者接受照護服務時衍生的人身監護及財產管理等問題，該制度於2000年時正式實施。

一如這位保健師所說，爲了保障沒有親人可依靠的高齡者權益，由市町村長申請辦理的成年監護件數，在成年監護開辦至今佔的比例逐年升高，成年監護制度始於２００６年，當時佔的比例是3.1％，到了２０１７年已增加到19．８％，足足增加了6倍多。無法指望當事人或當事人親屬申請開始監護的裁決案例持續增加（《成年後見關係事件之概況》最高裁判所事務總局家庭局，２０１８年）。

在我訪談的對象中，也有人讓我聯想起了這位保健師描述的狀況。在我訪問與99歲母親同住的Q女士時，Q女士碰巧提起「這10年來除了母親之外，我還幫忙照顧一位無依無靠的嬸嬸」，於是我又和Q女士約了另外一天，請她談談今年95歲過世的那位嬸嬸R女士的一生。

因失智導致生活瓦解的獨居長者R女士（95歲）

《R女士的個人檔案》

1923年（大正12年）生。從公務員的工作上退休後，75歲左右陸續失去女兒與丈夫，開始一個人的生活。之後，一直到被診斷出失智症的10年間，她熱衷嗜好、社區活動、出國旅行等，可說是一位懂得享受生活的活力高齡者。然而，就在85歲那年，因爲鄰居擔心她可能罹患失智症，想辦法將她送進醫院，並聯絡了R女士亡夫哥哥的女兒Q女士，Q女士因而成爲R女士的監護人。後來，R女士直到以95歲之齡過世爲止的10年間，都住在附有看護的付費高齡者安養院。

R女士沒有兄弟姐妹，早逝的女兒也沒有結婚，丈夫過世後身邊就沒有能照顧她的人了。這樣的R女士在身體還硬朗時什麼準備都沒做，當然也沒有爲得了失智症之後的生活做準備，這加深了她面臨的重重危機。

首先，連她確診失智症，都是因爲鄰居懷疑她已失智，打著其他疾病的名目當藉口，才得以將她送進醫院。

接著，從確診失智症的幾年前，其實她的日常生活已經逐步瓦解，遇上以推銷高額健康食品、房屋改建、寢具及寶石等各種名目的詐騙手法，持續被騙走不少錢。甚至連身爲監護人密切關照了R女士最後10年的Q女士都說：「讓我來當監護人眞的好嗎？說不定嬸嬸希望讓別人來當她的監護人。」拖累Q女士付出自己10年的人生，卻讓她不得不說出這種話。

從上述事實中，我深切體會到一個身邊沒有人可依靠的高齡者，有多麼必須預設「自己可能罹患失智症」，並爲此事預先做好準備。

關於R女士身陷的困境，從照顧過她的姪女Q女士話中可窺知一二。

首先，在罹患失智症前，R女士過的是典型的活力長壽者生活。

Q女士「嬸嬸退休後，長時間擔任地方團體的幹部，也做了很久的志工。她對人很友善，地方上好像很多人都受過她的照顧。她也會去上手工藝課程，朋友很多，經常跟大家一起出遊，像是去八十八所巡禮啦，也會去旅行，去過國外很多地方。」

然而，在這樣的生活中，失智症已經悄悄發生，許多生活上的問題也伴隨而來，只是問題一直累積到她85歲住院後才外顯，並且大大影響了她的生活。不止如此，85歲這次的住院還不是出自R女士本身的意願，而是附近鄰居的安排。Q女士這麼說：

Q女士「某天我接到聯絡，內容不是商量『要不要送她去住院』，直接就是『已經送她去住院了』。說是嬸嬸家附近的鄰居，美容院的人和寺廟的人緊急採取的對策，用糖尿病當藉口，硬是把她帶到醫院去。可是，鄰居們真正擔心的是她失智的症狀可能愈來愈嚴重了，或許大家都怕她一個不小心釀成火災吧。」

因爲這樣的前因後果，當天身爲姪女的她才會接到聯絡，趕往醫院。R女士拜託Q女士「回家時順便去幫我鎖門，再把冰箱裡的生鮮食品丟掉」，Q女士抵達R女士家時，看到的是「只能以驚人來形容」的生活慘狀。

Q女士「我去她家一看，冰箱裡塞滿各種新舊食物，冷凍櫃怎麼拉也拉不開，裡面大概結凍了吧。無可奈何之下，只好拔掉插頭等冰融化，再把裡面的東西裝進垃圾袋。我想她應該是忘了自己買過什麼，不斷重複購物才會變成這樣。

還不只冰箱，家裡有個可以放得下大型坐墊的紙箱，裡面裝滿超市賣的包裝零食、糖果和點心之類的東西，很多都早就過了賞味期限。垃圾多得只能說是恐怖，我只好找專門處理的業者來收拾。」

然而，即使生活已陷入這種狀況，R女士本人仍毫無病識感，第一次住院時也很快就嚷嚷著「已經沒事了」辦理出院，重回獨居生活。之後，她終於肯承認「已經撐不下去了」，是因爲出院後沒有充分攝食，也無法好好服用醫生開的藥，導致再度病倒。

Q女士「出院後，我心想她一個人住可能沒有好好吃東西，就去她家和她一起吃晚飯，沒想到她飯後吃了藥，意識變得不清楚，就那樣昏倒了。醫生是說，在沒有充分飲食的狀態下吃那種藥，藥效會太強，引起低血糖。因爲我很快就回家了，所以昏倒時她一個人在家，那是出院後10天左右的事。在那之前，她都覺得自己沒問題。

她自己眞正覺得撐不住了，大概是昏倒後主動說『送我去住院』的那時。第一次出院後，她已經無法好好做飯給自己吃，在飢餓中體力衰退，這才終於讓她承認自己一個人不行了吧。

換句話說，周遭的人認爲的『已經不能再放著她一個人生活』，跟她自己認爲的『已經無法再一個人生活』，時間點上有很大的落差。在那之前，她一直認爲自己一個人沒問題，也不覺得自己有別人認爲的那麼老。」

宗教團體及不良業者的詐財行為

另一個嚴重的狀況是，利用R女士自認「一個人生活沒問題」、「沒有別人說的那麼老」的想法，從她住院的幾年前起，陸續有宗教團體和不良業者對她推銷高額商品，詐騙金錢。

因爲出院後，準備住進附帶看護的安養院時需要監護人，申請監護人又需要先製作R女士的財產清單，Q女士在R女士家中找尋保險年金證書等必備文件時，竟然接二連三找出許多昂貴商品的購買收據。

Q女士　「搞清楚後才知道有多嚇人，原本以爲是健康食品之類的吧，沒想到是被宗教團體推銷購買，家裡清出一大堆沒吃過的藥。錢一定被拐走了不少，因為還找到以教祖之名頒發的感謝狀，如果只買一點點應該拿不到感謝狀吧。還有印章，嬸嬸買了很貴的印章，最後付給對方30萬。叔叔過世時，記得遺產稅的基本扣除額是5000萬日圓，但嬸嬸被騙走的錢比這更多，手邊剩下的只有年金存摺了。除了宗教團體，連建築業者也把她當冤大頭，另外像是推銷地毯或寶石的也拐走她不少錢。此外還有花在和服和包包上的，8個月就花掉200萬。」

除了Q女士出示給我看的收據數量之多，每一張上的金額更是高得令我吃驚。更驚人的是，這些不良業者並非來自全國各地，幾乎都是R女士居住城市（人口約10萬左右）或鄰近城市的業者。

由於寶石和和服種類繁多，在此只列舉房屋重新整修的工程和家具相關業者開的收據內容：

【房屋整修業者】

支付總額：227萬２０００圓

（１）同一市內建築業者……２００６年10月，灶間裝修費用：7萬２０００圓

（２）鄰市建築相關業者（４項皆為同一業者）……

①２００７年１月，窗框塗漆費：18萬圓

②同年４月，板金塗漆費：20萬圓

③同年４月，增建費用總額：68萬圓

④同年５月，替換屋頂瓦片：114萬圓

【家具・寢具・改建裝潢業者（同一市內同一業者）】

支付總額：163萬340圓……①２００６年７月：60萬圓

②同年７月：32萬３１８０圓

③同年９月：５萬５２００圓

④同年12月：35萬圓

⑤２００７年１月：１萬２０００圓

⑥同年5月：1萬圓
⑦同年5月：9萬3800圓
⑧同年8月：15萬圓
⑨同年12月：2萬6000圓
⑩2008年1月：1萬160圓

從收據日期看來，這些業者頻繁於2006～2007年間出入R女士家。R女士第一次住院是2008年5月的事，這表示她的失智症狀在2年前已惡化到無法管理自己的金錢財產了。

再看收據內容，光是上面這些收據，短短期間內就支付了將近400萬日圓，鄰市建築相關業者開的收據至少還備註了商品及服務內容，同一市內的家具寢具改建裝潢業者開的收據上，除了金額之外完全沒有任何備註，連買了什麼商品或商品是否確實送到家中都無法確認。

正常來說，一個人口規模只有10萬左右的都市，附近居民多半熟識，應該不會出現惡意詐欺的不良業者，沒想到日本已經不是我們想像中的那種善良社會了。

「由我來照顧真的好嗎」的想法

另外想在此一提的是，10年來出於良知持續關照R女士的Q女士所承受的辛苦，不亞於R女士本身面臨的苦境，並且絲毫沒有得到回報。

前面也有提到，Q女士和R女士的關係是姪女與嬸嬸，換句話說，她們並沒有血緣關係。Q女士已過世的父親與R女士的亡夫是兄弟，Q女士也沒有R女士財產的繼承權。然而，Q女士只因接到「鄰居」聯絡，心想「我不去幫忙嬸嬸會很辛苦」就趕往醫院，成爲「沒有親人可依靠」的R女士的監護人。

然而，R女士住進安養院不久後，Q女士才知道雖然戶籍上沒有親屬關係，但R女士另有情感上很親密的對象。「事後想想，嬸嬸可能希望那些人來照顧她吧。」Q女士這麼說著，似乎不確定自己是否採取了正確的行動。

Q女士「住在一起的話，大概會知道自己爸媽和哪些親戚有往來，但是分開住的話就無從得知了吧。所以，我從來沒想過自己非照顧不可的嬸嬸有和哪些親戚朋友往來，也都完全不知情。

再者，如果是母親那邊的親戚，或是父親的親妹妹，可能多多少少還會從父母那邊聽說一點事情，但是父親怎麼可能專程去提起自己弟弟的太太和哪些親戚往來呢，兄弟之間本就不太會說這種事，加上我父親也早就過世了，因此當我後來知道嬸嬸其實有幾個沒有血緣關係的親近人士時，心裡也覺得很懊惱。」

確實如此。在這親戚關係淡薄的時代，父親又在自己年少時期就過世的話，應該鮮少有人會知道父親弟弟的配偶平常都跟哪些人往來。更別說對方又是長壽者，和外甥、姪女這些小輩關係疏遠，幾乎沒有直接交流。

何況，與R女士關係親近的人戶籍上並未有記載，和她沒有血緣關係。

因此，基於自己承受過的痛苦經驗，Q女士也舉出一些例子，希望像R女士一樣的人能事先做好準備。

Q女士「其實眞的是希望老人家能在身體還硬朗時先釐清一些事，並且明確表達出自己的意願。既然有和自己那麼親近的人，最好能趁我和對方都在的場合，找些機會把話先說清楚。像是『我現在一個人住，未來當我沒辦法再一個人生活時，希望能讓〇〇來照顧我，財產也讓〇〇來繼承』。潦草也沒關係，最好是可以寫下白紙黑字留作證明。這種東西絕對需要在三方同意下預先準備，有了這個，之後要做什麼都比較方便。這種時候也可以請鄰居到場當見證人，順便請老人家跟鄰居說『萬一有什麼事時最好聯絡〇〇』。」

不只R女士需要做這種準備，只要（與未來想依靠的對象）是親子以外的關係，這可說是所有人都需要預先做好的準備。

對「病倒後的生活」做的準備

那麼，經濟寬裕，身體還硬朗時也積極向外參與活動，有能力與別人建立人際關係的R女士，是否爲自己的晚年期做了什麼準備呢？

春日 「您嬸嬸自己都沒有爲病倒後的生活做任何準備嗎？」

Q女士 「什麼都沒有。大概認爲自己還不會死吧，沒想到在身體還算健康時得了失智症，之後身體開始衰弱，就這麼住進了醫院。」

春日 「那嬸嬸有事先做其他準備嗎？」

Q女士 「只有跟葬儀業者簽約而已，除此之外就沒別的了。其實她至少應該要留下供養女兒和丈夫牌位的錢才對啊。」

R女士事先做好的準備只有「跟葬儀業者簽約」。只做這種準備的人一定不只R女士，現在很多高齡者都這樣。

從R女士的案例中，可以看出對現代的獨居高齡者而言，必須做好的準備是什麼。

比什麼都重要的，是在舉行葬禮之前，對「病倒後的生活」所做的準備。

具體來說有這些：

・在家中倒下時，希望被誰發現。
・被發現後，希望跟誰聯絡。
・無法靠一己之力生活時，希望由誰來守護、支援自己的生活。
・到時候，自己希望住在哪裡生活。
・如果住安養院的話，希望住怎樣的安養院。

光是病倒後那段時間，就得被迫面對這些問題，而這些如果有事先做好準備，癒後的生活就會大大不同。

除此之外，事先預測到會發生這樣的事態，平時留意建立好病倒時需要的人際關係，如果沒有親人可依靠，就要積極搜集成年監護制度、擔保業者或NPO組織等的相關資訊，學習如何不成爲詐騙集團或不良業者眼中的肥羊。最重要的是不要堅持「自己一定不會得失智症」，也不要拒絕學習與失智症相關的訊息。現在對失智症這種疾病的理解已經和過去大不相同，每個人都該積極去接觸學習。還有，與社會福利、醫療、照護制度相關的實際狀況也必須事先做好學習及準備。

這可說是所有現代高齡者都該預先做好的準備。

（4）活力長壽者「不敵歲月」的脆弱及家人支援的力量

「活力長壽者」背後有著同居女兒的支持

事實上，除了擔任嬸嬸R女士的監護人，肩負起照顧她的責任外，Q女士同時也一直是住在一起的99歲母親（S女士）生活上的支柱。算起來，S女士和R女士是妯娌，兩人的人生在85歲之前有很多共通點，她們都是公務員，也都在工作崗位上服務到退休，退休後致力於參加公眾活動，發展自己的嗜好，也經常旅行，可說是積極享受生活的「活力高齡者」。

然而，兩人85歲後的人生出現很大的歧異。R女士的晚年前面已經敍述過了，相較之下，S女士除了91歲病倒後中斷了一段時期外，直到96歲都在刺繡教室當講師，持續著「活力長壽者」的生活。

關於S女士90歲之後過著怎樣的活力長壽生活，身爲女兒的Q女士這麼說：

Q女士

「家母長年主持刺繡教室，每年都以講師身分舉辦作品展示會，一直持續到90歲那年春天，做出了許多好作品。不過，90歲那年夏天身體狀況開始不好，每況愈下，到最後連走路都沒辦法好好走。話雖如此，半年後開始去復健，結果狀況愈來愈好，需要照護的等級也從原本的3級一度好轉到2級。

再過1年後，她精神好多了，就開始在家裡教人刺繡，持續教到96歲。大家都說『老師好硬朗啊，身體還很結實呢』。」

然而，如果沒有住在一起的女兒Q女士的支援，看在一般人眼中稱得上「活力長壽者」的S女士，其實無法過那樣充滿活力的生活。

首先，90歲那年夏天病倒時，是Q女士很快察覺並將S女士送往適當的醫院，之後更付出無微不至的照顧。如果沒有這樣的Q女士在身邊，S女士的身體將難以康復，若她是獨居高齡者，想必會和R女士一樣住進安養院。

不只如此，S女士能健康地擔任刺繡講師到96歲，背後Q女士的支援更是不可或缺。

春日　「您和令堂一直住在一起，這段時間，您認爲她有辦法一個人生活嗎？」

Q女士　「不，那是不可能的！不可能！不可能！絕對不可能！」

春日　「哪方面不可能呢？她不是靠自己的力量在家教刺繡一直教到90多歲嗎？」

Q女士　「首先，她早已失去對時間的觀念。差不多從94歲開始吧，連星期幾都分不清楚了，只要睡過一覺就以爲已經隔了一天，所以我成了她的備忘錄。還有，爲了讓家母方便（刺繡教室的）教學，我都要幫她準備好教材，我的身分等於是助教。更別說煮菜或購物，這些都是她一個人做不到的事。」

Q女士的話清楚地點出了被周圍的人視爲「活力長壽者」的S女士，實質上能靠自己維持的日常生活，只到90歲那年春天爲止。

今後已無法期待傳統家庭觀念中對長壽者的支援

從這個觀點來看，第一章的A女士、B女士和C男士夫妻這些「活力長壽者」，其實也有得到住在一起（或住在附近）的子女晚輩對生活提供的支援。

以A女士的例子來說，住在一起的女婿雖然沒有幫忙做家事，但仍能發揮在她病倒時照顧她的作用，平常也會負責接送腳不方便的A女士購物或外出。最重要的是，只要家中有女婿在，就能發揮杜絕不良業者上門詐騙的效果。

再看B女士夫妻和C男士夫妻的情形，兩者在住院或需要定期去醫院檢查時，都有住在附近的女兒陪同，居中協助高齡者與醫師溝通，若高齡者生活上遇到問題，也能很快前往處理解決。

這麼看來，這幾位也是一樣，雖然周遭的人稱讚他們爲「活力長壽者」，他們自己也說「不覺得自己老了」，但是他們活力生活的背後，其實多半有著子女或親人、熟人的支援，才得以彌補長壽期脆弱身心造成生活上的不足，也才能在有什麼萬一時獲得卽時協助與守護。

同樣的道理亦可套用在「長壽書」的作者身上。以前面提過的瀨戶內寂聽女士爲例，住在她家中的祕書除了協助著作和演講等活動外，也幫忙做家事，在她外出時推輪椅等。另外，橋田壽賀子女士說過「除了幫忙整理庭園的男性外，每天也會有四～五個女性來幫忙」，家中僱用了許多人手（《請讓我安樂死》第120頁）。換句話說，她們是用經濟能力來取代一般庶民家庭期待家人對「垂垂老矣」高齡者提供的支援。

可是，採訪時當我問一旁的S女士「有女兒在眞好，偶爾也會向她道謝嗎」，S女士的回答卻是「沒有耶，只覺得她在身邊是理所當然」，Q女士也說「問我媽最後想怎樣也沒用，我已經把做決定當作照護者的權利，很多事都放棄跟她一一確認了」。聽起來，Q女士已不指望母親S女士能自己爲晚年生活做任何決定或準備了。

無論有沒有可以依靠的子女或親人，無論是和子女同住或一人獨居，像S女士這樣，這一代長壽長輩有著根深蒂固的傳統家庭觀念，造成他們不與身邊的人談論不久後的將來必須面對和處理的問題，只是一心認定「反正總有人會替我做好」，自己毫不準備，把一切丟給別人的「船到橋頭自然直」生存之道。

然而，正如前面看到的例子，近年來「無人可依靠」的長壽者愈來愈多，就算有家人，因為現代家庭結構大幅改變的緣故，希望晚輩奉養卻期待落空，陷入意料之外窘境的長壽者不斷增加，這是不可否認的事實。今後這樣的人口數也一定會持續增長。

既然如此，儘管能在比較短期間內做好準備的「繼承」、「墳墓」、「生前整理」和「臨終醫療」等「後事」固然也很重要，對現代高齡者來說，在高齡期的早期階段預先做好「晚年的準備」，確保自己在不久後的將來還能過著有尊嚴的老年生活，或許可說是現代高齡者的一大課題。

《第四章》昭和時期出生高齡者與「上了年紀」這件事

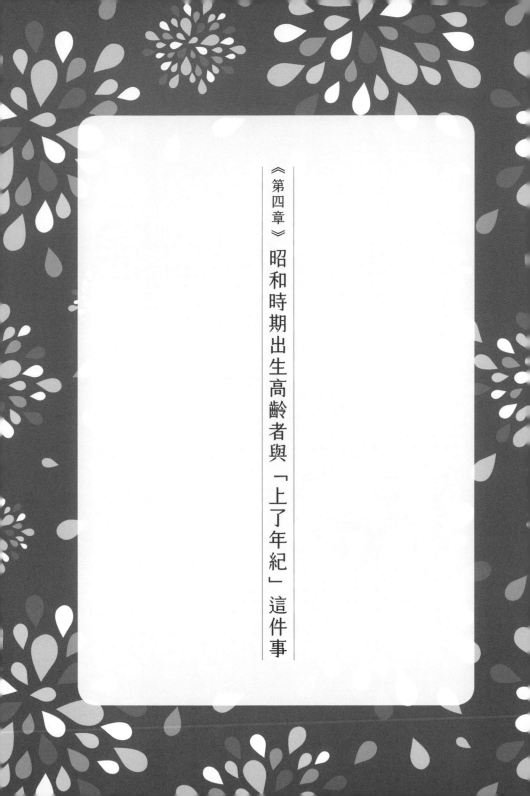

（1）積極生活的昭和時期出生高齡者及其病倒時的對應方針

與目前仍積極生活的昭和時期出生高齡者們的對話

春日　「我聽有些長輩說不想給子女照顧，各位呢？」

T女士　「我不想給子女照顧。」

U女士　「我也不想。」

V男士　「我不但不想給子女照顧，也不想給任何人照顧。要是能一直住在自己家裡，死前3天才被送進醫院是最好了。」

春日　「那麼，三位都說不想麻煩子女照顧，具體來說，要怎樣才能不靠子女照顧呢？」

T女士
U女士　「要有錢吧。還有就是不要讓兒子的老婆照顧。」

春日 「這樣的話，到了需要人照護時，會希望自己住在安養院或醫院是嗎？」

T女士 U女士 「對。」

春日 「這麼說來，各位知道住宅型付費安養院、附設看護服務的付費安養院有什麼不同嗎？還有，最近愈來愈多的附設照護服務高齡者住宅又有什麼不同？」

T女士 U女士 「不知道，有哪裡不一樣啊？」

春日 「可是，剛才你們都說不要子女照顧，不依靠子女的話，誰來判斷哪間設施比較好，或是決定最後要住哪裡呢？」

U女士 「這個就要拜託小孩了，我自己搞不清楚。」

T女士 「我想去參觀一下這些設施，只是還沒能去成。」

春日 「V先生剛才說希望能在家裡住到最後，這樣的話，您有決定要請哪位醫生當專屬家醫了嗎？」

V男士 「什麼是專屬家醫？我活到這把年紀從來不知道什麼叫生病，也沒上過醫院，沒有什麼專屬家醫啦。」

春日 「可是，如果要住在家裡養老，就得借助上門診療的家醫和家訪護理師的力量了吧？既然如此，得早點決定人選才行。」

V男士 「我希望最後不要依靠別人，最好是能讓機器人來照顧我。有沒有那種照護專用的機器人啊？」

T女士、U女士和V男士同爲83歲，三人都參加了文化中心舉辦的講座，這個講座有不少高齡人士來聽講，他們三人在地方上都是團體的中心人物，擁有衆多嗜好，過著充實忙碌的生活。

我原本想，如果是已經活到超過90歲，什麼時候死去都不奇怪的長輩，應該有很多人會開始思考自己病倒後該怎麼過日子吧。也正因爲有這想法，我才開始採訪「活力長壽者」。

然而，採訪一段時間之後卻發現，就算超過90歲或100歲，人們對「自己年紀」的感受還是與實際上有落差，很少人會去思考病倒後的事。更別說是抱持「子女照顧父母天經地義」想法的人了。這就是我在採訪之後發現的事實。

既然如此，換成比90多歲年輕一點的世代，並且特別鎖定在地方上踴躍參加活動，會去文化中心等生涯學習場合進修的昭和時期出生高齡者來採訪如何？

這個世代的長輩經歷過日本經濟景氣的時代，建立的也是「以子女為中心＝以教育為中心＝以夫妻為中心」的「核心家庭」，不像更早一輩的人那樣與親戚密切往來，是比較可能採取個人主義的世代。

再加上這個世代現在已是高齡者，他們與子女之間的關係和上個世代與子女之間的關係大不相同，和單身子女住在一起的人增多了，又或者子女雖然結婚了但沒有同住，甚至有些兒子比起和自己的父母，和妻子的父母關係更好。換句話說，無法指望孩子照護的高齡者愈來愈多。

我心想，在這當中，自己決定晚年期該如何度過並且可以付諸實行的人應該也增加了吧。在這個念頭下，我決定採訪昭和時期出生，現在仍積極活躍於社會上的高齡者。

前面提到的對話，就是採訪這類對象時的對話。這段對話頗有值得深思之處。

由對話中可知，他們三位的共通點是「晚年不想靠子女照顧」，這個想法乍看之下與上個世代的「活力長壽者」背道而馳，但仔細看過對話就會發現，在將這個想法付諸實行或需要做出某些決策時，他們依然將決定權全盤丟給子女。表示希望死在家裡的V男士甚至還說出了「想要讓機器人照顧」這種偏離現實的話。就算他們在「金錢」方面不用依靠子女，還是不得不把人生最後生活方式的決定權委託給他人。

儘管嘴上說的是「不想讓子女照顧」，追根究柢，他們的生活方式還是「把一切丟給子女」。如果不能預先經過自己思考，對晚年的生活事先做出準備，萬一病倒時就會失去判斷力，到時做任何決定都太遲了。

主張「不去想負面的事」的夫妻

但是，從昭和10年前出生到差不多團塊世代，目前仍積極參與社交活動的高齡者中，有不少像他們三位這樣的人。不只如此，慢慢地我也發現，堅持「照護問題不會發生在自己身上」或相信「自己的人生會『圓滿工作到最後一刻』」的高齡者還眞不少。

我第一次遇到的這種高齡者，是一位82歲的W男士和他的太太。W男士來參加我在某縣立性別平等活動中心主辦的講座，我在該講座上以「昭和期出生世代的家庭與照護」爲題，總共主講了5次課程，W男士連續5次都來聽講，而且每次都坐在最前排。

最後一次的講座結束後，我問聽講者「聽完所有內容後，有沒有什麼感想呢？」W男士給了以下這樣的答案。

W男士　「我還沒退休時負責海外業務，因爲都有好好做危機管理，業績不斷提升。所以我不會去想病倒之後怎麼樣之類負面的事，爲了不去想這些，我連與照護相關的書都不看，以前買的也都撕破丟掉了。」

春日　「可是，對W先生您來說，今後將面臨的最大危機不就是您或太太病倒需要照護的狀況嗎？您對這件事做的危機管理是什麼呢？」

W男士　「無論任何事物，我一直都是用正面思考來面對，所以我不會去想那些負面的事。」

春日　「那麼，如果現實就是非接受照護不可，您會怎麼辦？」

W男士　「如果是這樣的話，不是有什麼特別的24小時照護設施嗎？就去住那裡。」

春日　「喔，您說的是特別養護老人安養院吧？可是，那裡只有『需照護等級3』以上的人才能住進去，本市還有500個人在排隊等著住進去，不是一申請就能入住喔。」

W男士　「這樣的話，我還有兒子在，交給兒子想辦法就好。」

春日　「可是，難得您都專程來聽了我5次講座，回家後請和尊夫人討論討論這方面的事吧，這很重要喔。」

1個月後，講座舉辦結業典禮那天，W男士帶著妻子出席，說上次的講座結束之後，他回家和妻子談過了。我問他的妻子「兩位都談了些什麼呢」，得到的是以下答案。

W妻子「在那之前我們從沒談過這種事，不過那天我們聊了關於兩人今後的事。結論是，我不想看護你，你也不想看護我，這就是我們的生存之道。外子也這麼說。」

春日「欸？兩位都超過80歲了，不久後很可能就會需要接受照護，你們都不去想這件事嗎？」

W妻子「對，不去想那種事。外子的人生原則就是不去想負面的事，我也跟著他這麼做。所以，爲了不讓自己淪落到需要人看護，我們打算充實地度過眼前的每一天。

外子即將82歲，一般老年人會去接受日間照護，他也不去，而是選擇來這種活動中心學習新知，我則是畫自己喜歡的畫，上美術館或電影院，每天過得還挺忙碌呢，所以我們沒問題的。」

這眞的讓我非常驚訝。研究照護問題的我，一路走來遇到的人們，無論是需要受照護者還是照護者，或者是安養院職員及支援機構的支援者們，多數人思考的都是「該怎麼做，才能在需要照護的時期仍維持有尊嚴的生活」。

因此，全盤否定「自己的人生也可能迎來需要照護的時期」，把對照護期的思考貶低爲「負面思考」的W夫妻眞的讓我開了眼界。

「安享天年」的陷阱

話雖如此，積極參與社交活動的高齡者中，有不少人抱持與W男士一樣的想法。我在各地採訪時，聽了一些高齡世代和子女世代如下的說法：

76歲男性

「我家只有夫妻倆自己住，不過關於照護的事不用擔心。為什麼這麼說？因爲我們都很重視健康，三餐自己料理，每天攝取高達32種食材。優格啦黃豆粉啦，納豆之類的也每天都吃，醋漬品更是一日不缺。還有，我們兩人每天都會走5～6公里的路。」

58歲女性

「我母親80歲了，對自己上了年紀的事一點自覺都沒有，說什麼自己85歲就會死了，很多事情得趁現在做才行，時間不夠用。盡是說著這種話，每天都出門，不是參加興趣嗜好的社團，就是去旅行，到處吃美食或泡溫泉。跟照護有關的事她都不想知道，全部丟給做女兒的我，說什麼自己不想去想那些讓人心情低落的事。」

高齡者能享受嗜好興趣或參加有益身心的活動，這確實是再好不過的事。再者，養成好好攝食、散步或運動，定期上健身房等生活習慣也是維持健康的方法。

但是，人不可能因爲做了這些事就不衰老，也不可能擁有永遠不需要接受他人照護的人生。那是只有少數人才能擁有的幸運。

如果能夠認同「死亡」是人類無法迴避的宿命，那也應該接受進入老年期後可能需要人照護的事實，這一樣是人類的命運。

在現代這個長壽社會，困惑於「不知道該怎麼好好老去，不知道該怎麼好好死去」的高齡者愈來愈多。其中，像W夫妻這樣以「安享天年」（successful aging，也譯爲「成功老化」）爲目標的人增加了不少。

上野千鶴子女士引用老年學家秋山弘子女士的說法「所謂安享天年，就是一種將中年期直接延長到死前的思想」，指出這種思想是「說得簡單一點，就是在面臨自己的衰老時『不看、不聽、不面對』」。（上野千鶴子著《大家都是「一個人」》青燈社，2012年，第67頁）

問題是，就算用「不看、不聽、不面對」的態度去否認自己的衰老，人只要一長壽，骨折造成步行困難、罹患失智症或其他疾病的風險一定會增加。在這樣的狀況下，愈是「不去想負面的事」，愈是「否認自己也會老」，當風險成眞時，自己就愈會因措手不及而無法應付，或是像W男士說的「交給兒子想辦法」，把自己的命運交到別人手中。

這種生活方式和過去那些「把所有事都丟給子女」的高齡者不但沒有不同，一旦病倒了，「沒想到自己竟然也會有這一天！」的絕望感還會比別人更深。

然而，有些人就算想「全部丟給別人」也沒有親人可依靠，而且這樣的人往後會愈來愈多。到了那個時代，這種生活方式還能稱之爲「安享天年」嗎。

這麼一想，我不由得認爲，長壽時代的高齡者最理想的生活方式，除了力求身體健康，充實每日生活外，還應該把「年齡增長帶來的風險」視爲理所當然，以「晚年期必需依靠別人照顧」爲前提，趁自己還有多餘的精神體力時，思考自己的人生要在何種方式下結束，以此爲目標搜集相關資訊，重組身旁人際關係才是。

不過，目前身體還硬朗的昭和時期出生高齡者們，是否眞能以兼顧這兩者爲目標呢？

（2）積極生活的昭和時期出生高齡者對未來的想像——生死觀

失準的預測——「沒想到會活這麼久」

K女士　「那時年金可以提早領，於是我就先領了。按照當時公所的說明，75歲死的話，繳的跟領到的剛好打平，我想說提早領比較划算，所以就先領了，因爲覺得自己不會活到75歲。可是，現在光靠我的年金活不下去，還得依賴住在一起的女兒拿薪水回家。」

C男士　「我老婆領的年金也很少。當時的計算是活到70歲的話，繳出的金額和領到的金額差不多，所以我就跟她說『妳早點領吧』，這麼提早領回了年金。那時沒想到自己會活這麼久啊，現在我們兩人就常在說『虧大了』。」

K女士（91歲）和C男士（91歲）都是前面提到過的「活力長壽者」。在K女士和C男士的太太提早領回年金的1980年代，女性平均壽命是78．76歲，活到90歲的女性人口比例是16％。到了2017年，女性平均壽命增加到87．26歲，活到90歲的女性人口比例是50．2％。30多年前，基於對未來壽命「活不到75歲」的想像所做出的選擇，讓兩人如今後悔地說「虧大了」。

人在向前踏出一步時，會受到自己現在對未來的想像引導。「現在、這裡」做出的選擇將影響未來。關於這一點，哲學家內山節如此引用了思想家三木清的說法：

「絕對不可忘記，未來永遠是根據現在創造的。人類也是。現在的自己就是未來的自己。換一種說法，現在自己的生活方式，就是自己未來的生活方式。因為這就是我們人類的特性，我們就是會按照現在自己的形象去打造未來的自己。」

（內山節《哲學之冒險》平凡社，1999年，第27頁）

於是我想，或許可以站在這個觀點，透過理解昭和時期出生而現在仍活躍於社會上的高齡者對未來的想像，預測這個世代的人進入長壽期後的生活樣貌。這麼一想，我重新檢視了自己企劃實施的工作坊——「『人生百年』幸福生活計畫」中，來參加的高齡者（72位60～84歲的女性）對自己百歲前的未來預測內容。

調查高齡者對未來的想像——描繪不出「85歲後的自己」

參加這次工作坊的人，包括我所隸屬的「改善高齡社會婦女會．廣島分會」會員，以及來自其他兩個生涯學習集團的女性高齡會員，以她們為對象連續舉辦了三場工作坊。

這裡使用的是舉行第一場工作坊時，請她們寫下「人生百年時代之人生計畫」的內容。其中一題「將60歲後的人生每5年區分為一年齡期，分別寫下自己每個年齡期的人生計畫」，換句話說，就是請她們寫下對未來人生的想像【表1】。

【表1】「人生百年時代之人生計畫」填寫表

（從60歲開始每5歲區分為一個「年齡期」，在其中填入自己的人生計畫。）

年齡期	年齡	與社會的連結	與友人的連結	發生在自己身上的事（身體、家庭、居住狀況等等）
I期	60歲 61歲 62歲 63歲 64歲			
II期	65歲 66歲 67歲 68歲 69歲			
III期	70歲 71歲 72歲 73歲 74歲			
IV期	75歲 76歲 77歲 78歲 79歲			
V期	80歲 81歲 82歲 83歲 84歲			
VI期	85歲 86歲 87歲 88歲 89歲			
VII期	90歲 以上			

進行方式如下。首先從講解概論的課程開始，由我在課程中對參加者即將面臨的日本進行預測，簡單說明未來日本社會以居家照護為中心的長照、醫療及社會福利制度之變革，以及在這樣的變革中，那些沒有子女或子女缺乏照護力的高齡者（尤其是需照護率高、失智症罹患率高、大腿骨骨折率高等活在長壽期風險下的80歲以上女性）人口增加後的社會變化。

以這樣的時代社會變化爲前提，【表1】中設計了三個主軸，分別是「與社會的連結」、「與友人的連結」和「發生在自己身上的事（身體、家庭、居住狀況等等）」，以這三個主軸爲中心，請參加者想像自己可能經歷的未來並塡入表格，內容可自由發揮。

附帶一提，雖然內容可自由發揮，爲了方便她們參考，也在表格最後附上一份範例資料【附表1】（第314頁）發給她們。

仔細檢視參加者在【表1】「人生百年時代之人生計畫」中寫下的內容，可以明白不少耐人尋味的事實。

除了在各「年齡期」欄內寫下的內容外，也有不少人的某些「年齡期」欄保持空白，什麼都沒寫，從這件事及她們敍述的原因看來，「描繪未來」不只與塡寫者的年齡相關，還受到其他幾個原因影響。

首先，讓我們看看空白未塡的「年齡期」欄是什麼狀況吧。

原本舉行這個工作坊的目的，是爲了讓參加者在理解最初課程上說明的「2017年時有50．2%的女性能活到90歲，25．5%的女性能活到95歲（這兩項的男性數字分別是25．8%和9.1%）」現狀，獲得與長壽化相關的知識，再讓她們一邊參考【附表1】（第314頁）中日常生活能力衰退的具體事例，思考自己超過90歲後的人生會是如何，想像90歲後各「年齡期」的未來狀況。工作坊的最終目的，是試圖透過這樣的作業，促進參加者「面對長壽期該事先完成哪些課題或做好哪些準備」的自覺。

然而，收到她們交回的表格檢視內容後，發現結果與原先的期待大不相同。

未塡寫【表1】中85歲以上的兩個「年齡期」，也就是「VI期（85～89歲）」

和「VII期（90歲以上）」，這兩欄留白沒寫的人很多。

話雖如此，參加者中80幾歲的6位全都塡寫了。只是，70幾歲的28人中只有9人塡寫，未塡寫者有19人。60幾歲的38人中，塡寫的只有9人，未塡寫的有29人。合計起來，60幾歲、70幾歲的參加者共66人，卻有高達七成的48人無法描繪出85歲後的自己，也可以說，她們無法想像自己進入85歲後長壽期的人生【表2】。

由此可見，儘管說來理所當然，就算知道隨著長壽化的進展，超過90歲的長壽者不斷增加的事實，人們也未必能將這個事實與自己的人生重疊，想像不出未來的自己。

對「今天活跳跳、明天死翹翹」或「早死」的期待及其弊害

學到的知識沒有活用在現實中，反而造成阻礙，爲什麼會這樣呢。

其中一個原因是，即使獲得了知識，卻沒有足夠的想像力，想像不出遙遠

【表2】參加者完成填寫的「年齡期」

	參加者年齡			
有填寫的「年齡期」	80幾歲	70幾歲	60幾歲	填寫者合計
填寫至VII期（90歲以上）	5人	3人	3人	11人
填寫至VI期（85～89歲）	1人	6人	6人	13人
填寫至V期（80～84歲）	—	15人	14人	29人
填寫至IV期（75～79歲）	—	4人	11人	15人
填寫至III期（70～74歲）	—	—	4人	4人
合計	6人	28人	38人	72人

的未來，或是無法把想像和自己的未來結合。應該很多人都是這樣的吧。

此外，就算獲得的知識是事實，卻不想承認那會成爲現實。想從自己的未來中抹去這個事實。也有人是這樣。

除此之外，或許還有很多我想不到的原因。

所以，不如直接看看60幾歲、70幾歲的參加者中，把85歲以上「年齡期」欄空下來沒寫的人有哪些原因吧。

首先，70幾歲的參加者寫下了這些原因：

「因爲我預計83歲住進某間安養院，在84歲結束人生。」（77歲）

「我想創造很多開心的回憶後，在前一天還生龍活虎的狀態下隔天就死去。比起住進老人院被迫做很多幼稚的事才死，這樣比較好。」（78歲）

「希望自己的人生差不多結束在85歲。」（71歲）

「父母分別在50幾歲、60幾歲時過世。我沒看過那之後的人生範本，所以難以想像。」（74歲）

「85歲之後的人生完全無法想像。」（73歲）

「不認爲自己會活到那時候。」（72歲）

「我應該會死於女性平均壽命之前吧。」（71歲）

「希望能在85歲前死去。」（70歲）

接著是60幾歲參加者寫下的原因：

「要是可以的話，希望人生能在85歲前結束。」（69歲）

「完全無法預測VI期（85～89歲）之後的事。」（65歲）

「希望能在85歲前保持健康有活力的狀態，把所有能量用盡後死去。」（68歲）

「無法想像80歲之後的事。」（62歲）

「希望差不多活到84歲就好。」（60歲）

「我將死於85歲。」（64歲）

「於85歲病死。」（65歲）

從這些敘述中可以讀出幾個原因。其中一個是在長壽化的急速進展中，人們的壽命觀不但沒有跟著來到「人生百年」，反而很多人還停留在「人生80年」的概念，深深受到這個概念束縛。

其次，同樣也是在急速進展的長壽化下，我們日常生活中看得到或接觸到的長壽者，多半是出現在電視等大衆媒體上特別有活力的高齡長者，不然就是住在安養院等設施，需要他人照護的高齡者，身旁幾乎沒有能當參考的一般活力長壽者。在這樣的情況下，很多人當然就難以想像自己進入長壽期後的模樣。

另一個具有很大影響力的，就是「想在身體還算健康的時候死去」的期盼。換句話說，很多人依然希望自己「今天活跳跳、明天死翹翹」。許多高齡者懷著這份期盼過日子，這或許也可說是現代日本的現實。

然而，這種希望自己「今天活跳跳、明天死翹翹」的「早死」願望成立在什麼樣的背景下呢？

厚生勞動省委託實施的「健康意識相關調查」（2014年）中，就有一個與壽命觀相關的提問：「自己想活多久與別人認為自己能活多久。」

看看65歲以上答題者的回答，在「自己想活多久」的部分，女性平均是想活到79．47歲，男性是82．83歲。「別人認為自己能活多久」的部分，女性平均是78．79歲，男性是80．73歲。儘管現實中女性平均壽命比男性長，女性回答的壽命年數卻都比男性少（厚生勞動省委託「健康意識相關調查」2014年）。

把這樣的調查結果也考慮進去就會發現，因爲扛起照護責任的都是女性，造成女性比男性更容易對「讓別人照顧自己」這件事感到歉疚，這種歉疚演變爲對「今天活跳跳、明天死翹翹」的「早死」期待，或許也讓女性在時代趨向長壽化時難以想像「自己進入長壽期的模樣」。

不過，讓我們暫時先放下對空白年齡期欄的解讀，從參加者們在【表1】各年齡期欄中塡寫的內容來觀察她們對現狀及未來的想像，會發現她們之所以無法描繪未來，其實還有其他因素。下面就來探討這一點吧。

（3）積極生活的昭和時期出生高齡者對未來的想像——為晚年做準備

關於「衰老」及「為晚年做準備」的敘述太少

看完參加者填寫在【表1】各年齡期欄位內所有內容後，發現了一些值得深思的事。

將填入各年齡期欄位的內容分成「與社會的連結」、「與友人的連結」和「發生在自己身上的事（身體、家庭、居住狀況等等）」這三個主軸來看，卽可看出參加者全體的傾向。無論哪個年齡期，相較於「與社會的連結」和「與友人的連結」豐富的記述內容，寫到與「體能的衰退」和「爲晚年做準備」相關的第三個主軸「發生在自己身上的事」時，內容就顯得出乎意料地少。

這個傾向不只能在60幾歲的參加者身上看到，連75歲之後的參加者也有相同傾向。大部分的參加者一方面寫下自己如何積極參加社交活動，發展興趣嗜好及維持親朋好友之間的交際，另一方面，卻都鮮少提及發現自己體能衰退及需要「爲晚年做準備」的事。

在此舉出四位75～79歲參加者的例子，從表格中所有填寫項目來看看她們如何描述目前「自己的年齡期」IV期（75～79歲）做的事。

【參加者A】77歲。「與社會的連結」：去老人院當義工、參加終身學習社團、參加合唱團、看戲。「與友人的連結」：和合唱團朋友的往來、和看戲夥伴的往來、和義工同伴的往來。「發生在自己身上的事」：做家事、記帳、聊天。

【參加者B】75歲。「與社會的連結」：參加讀書會、參加文庫活動、參加市民運動、當朗讀義工。「與友人的連結」：和現在的朋友繼續往來、和參加社團認識的朋友繼續往來。「發生在自己身上的事」：走路變慢，做家事的能力沒有改變，金錢管理能力也還OK。

【參加者C】76歲。「與社會的連結」：1年會去看幾次畫展。「與友人的連結」：和朋友聚餐，參加讀書會。「發生在自己身上的事」：外甥、姪子都完成了終身大事，孫子成人也就職了，目前自己還有做家事的能力，也會和女兒一家人去溫泉旅行。

【參加者D】 75歲。「與社會的連結」：丈夫開了圍棋沙龍，自己參加了佛教法會。「與友人的連結」：每個月會和表姐妹去唱卡拉OK，每2個月和朋友聚餐聊天。「發生在自己身上的事」：目前日常生活還沒有任何障礙，每天早上散步30分鐘。

這裡這麼多項描述中，只有參加者B的「走路變慢」是與「衰老」相關的內容。

這個事實說明了即使是被稱爲「後期高齡者」，年紀超過75歲的長輩，只要身體還硬朗，大多數人依然會把注意力放在社交活動、興趣嗜好及與朋友間的往來等積極生活的面向，很少人會關心「爲晚年做的準備」。這也可以說是一般人的傾向吧。

就算能預測到「衰老」，也缺乏具體行動

那麼，換個角度來看少數派的答案吧。塡寫【表1】的「發生在自己身上

的事」時，寫下關於「體能衰退」或「爲晚年做了哪些準備」的人，對這兩件事的想像是發生在哪個「年齡期」，又做了哪些「晚年準備」呢？

在此請大家看看所有70多歲參加者在這個項目上填寫的內容吧。既然已活到了70歲，想必有不少人都會預測自己體能衰退，思考晚年必須預先做哪些準備才是。

然而，她們寫下的內容可大致分爲三種：①只填寫關於日常生活能力衰退的事。②除了日常生活能力衰退外，還寫下可能得到的支援（或提供支援的場所）是什麼。③寫下日常生活能力衰退的事，也寫下爲衰退做了哪些具體的準備。

換句話說，有些人雖然注意到「自己已經老了」，但想法只停留在「日常生活能力的衰退」，也有些人只搜集了「晚年該做什麼準備」的相關資訊，還有些人則已經具體展開準備的行動，呈現很大的差異。

以下按照①②③的順序，列出所有關於「自己已經老了」和「爲晚年做的準備」的敍述內容。

①只提及與「日常生活能力衰退」有關的事：

「V期（80～84歲）開始感受自己身體的衰老，日常起居的動作變慢」（71歲參加者）

「V期（80～84歲）頂多只會參加社區定期會議和與宗教相關的集會。得了失智症。」（76歲參加者）

「V期（80～84歲）失去做家事和管理金錢的能力。」（72歲參加者）

「VI期（85～89歲）到了這個歲數只能一點一滴做自己感興趣的事，做家事的能力衰退。」（78歲參加者）

「VII期（90歲以上）無法自己管理金錢，做家事的能力衰退，無法自行外出購物，連準備食物也沒辦法。」（76歲參加者）

②除了提及「日常生活能力衰退」外，還寫下衰退時「可能得到的支援（或提供支援的場所）」：

「希望能在85歲時住進老人安養院。感受到自己的身體衰退，雖然能自己打理日常起居，但是動作變慢了。」（79歲參加者）

「到了V期（80～84歲），開始失去做家事的能力和管理金錢的能力，判斷力低下，如果還住在家裡，可能需要居服員幫忙，如果住進安養院也每天都需要工作人員照護。VII期（90歲以上）如果還活著，不是與丈夫兩人『老人照顧老人』，就是要靠照護設施的工作人員支援，年紀比我們小的朋友1年可能會來拜訪幾次。」（71歲參加者）

「到了V期（80～84歲），可能被判定爲需要照護，居服員每星期來1次，希望能過自己想要的生活。若住在自家已很困難，就住進老人安養院。」（73歲參加者）

「Ⅵ期（85～89歲），這時期應該需要接受照護了吧？運用短期照護、日間照護和家訪照護，直到最後一刻都住在自己家中。若罹患重度失智症需要人照顧，就住進集體安養院。」（75歲參加者）

③寫下「日常生活能力衰退」、「需要哪些支援（或提供支援的場所）」及關於「晚年的準備」：

「自宅結束整修，死亡時的遺產處理已提出申請，墳地也整理好了。」（79歲參加者）

「目前還有管理金錢的能力，應該能持續到Ⅴ期（80～84歲）。所以趁現在開始找尋只要付錢就會照顧自己的地方，正在請對方寄資料來參考。」（77歲參加者）

「現在70幾歲還能做的事，打算一直做到做不動為止。不過，因為孤家寡

人的關係，已經陸續開始找公家機關商量晚年的事了。」（74歲參加者）

「VI期（85～89歲），確保住的地方，將包括財務在內的事做最後總整理。希望在宅照護。V期（80～84歲），確認自己未來會住在哪裡，選項包括與子女同住。開始整理東西準備後事，確認財務狀況。」（72歲參加者）

「VI期（85～89歲），失智症發作，住進Share house。V期（80～84歲），和支援日常生活事務的業者簽約，尋找適合的安養院並做出決定。聯繫地區全面支援機構，決定成年監護人。賣掉不動產，做家事的能力和管理金錢的能力開始衰退。」（70歲參加者）

從參加者們在這裡對未來的想像內容，可以明白幾件事。

第一，大多數的參加者都認爲「日常生活能力的衰退將發生在V期（80～84歲），最晚也不會超過VI期（85～89歲）」。

然而，即使大多數人都預測得到V期（80～84歲）的狀況，能在那之前的

75～79歲階段（IV期）做出具體因應動作的人卻只有「自宅結束整修，死亡時的遺產處理已提出申請，墳地也整理好了」、「趁現在開始找尋只要付錢就會照顧自己的地方，正在請對方寄資料來參考」和「陸續開始找公家機關商量晚年的事」的三位。很多人卽使預料到可能會得失智症，但也只停留到預料，沒有進一步做任何準備或搜集詳細相關資訊。

簡單來說，很多人雖然已試圖開始思考關於晚年的事，卻很少人在70多歲的階段時就把眼光放在長壽期的生活，也沒有展開任何準備行動。

80幾歲的參加者對未來的想像填滿了整張白紙

到這裡爲止，我們主要看的都是60幾歲、70幾歲參加者塡寫的內容，至於80幾歲參加者的內容，我幾乎都還沒提到。這是因爲，我發現60、70多歲世代與80多歲世代的參加者有幾個明顯的不同，應該分開來探討比較好。

以下我想列出80多歲世代參加者對VI期（85～89歲）與VII期（90歲以上）年齡期欄所塡寫的全部內容。

VI期與VII期這兩個年齡期欄，正是有七成的70幾歲、60幾歲參加者留白未填的欄位。

但是，80多歲世代的參加者（所有人都不到85歲，總共六人）中，有五人連90歲以上的VII期欄位都填了，另一人也填到了VI期（85～89歲）。

以下是她們六位填寫的內容全文。

【參加者E】「10年後的VII期（90歲以上），不太能想像到時候自己變成怎樣，但是，如果身體還行的話，希望能和現在一樣，享受生活中小小的樂趣活著。希望儘可能不要降低生活上的自立程度，社區互助會的幹部也希望能繼續做到85歲之後（VI期）。」（82歲）

【參加者F】「VI期（85～89歲），應該還在持續參加社區互助會的活動吧。我的興趣是栽培山菜和野蔬，用盆栽種或直接種在院子裡，這是我健康的泉源。超過90歲後（VII期）應該也能某種程度維持現狀吧。」（81歲）

【參加者G】「VII期（90歲以上），希望能持續去上市政府舉辦的老人大學，學

習到最後一刻。現在也很注重養生，爲的就是希望能持續現狀到最後。對任何事都積極正面思考。」（83歲）

【參加者H】「VII期（90歲以上），平時習慣去的地方，就算遠一點也要繼續去。享受興趣嗜好，讓生活過得開心。可能因爲腰痛的關係無法再打掃了，但自己還可以做好金錢管理。會定期去醫院，也會做自我健康管理。」（84歲）

【參加者I】「VI期（85～89歲），90歲前開始減少義工活動。VII期（90歲以上）之後從義工活動退休。失去做家事和管理金錢的能力，和朋友的往來也斷絕了。」（83歲）

【參加者J】「VI期（85～89歲），從平時參加的活動上退休。趁身體還能動的時候，自己能做的事就自己做。偶爾和鄰居往來聯絡。VII期（90歲以上）可能已經不在這世界上了吧。如果還在的話，應該需要別人照護，很難自己煮飯做菜了，會接受送餐服務，或是住進安養院。喪失金錢管理能力，財產委託值得信賴的人代管。」

這些80多歲世代描述對未來想像的內容，和60幾歲、70幾歲的參加者有很大的差異。

也可以說，因爲60幾歲、70幾歲的參加者中，有七成懷著對「今天活跳跳、明天死翹翹」的憧憬及對「早死」的盼望，使得她們無法將想像力發揮到VI期（85～89歲）與VII期（90歲以上）。60幾歲、70幾歲的參加者對這兩個年齡期的想像是一片空白，但是對80多歲的參加者來說，卻是將VI期和VII期的生活當成目前生活的延長來想像，同時她們也「希望生活上自立的程度不要下降」、「儘量維持現狀」、「希望維持現狀到最後」、「正面積極思考」和「每天過得開心」。

80歲的轉捩點——面對年老的方式在此產生分歧

同樣是超過60歲，被歸類在「高齡期」的人，對長壽期的想像卻像這樣以80歲爲界產生分歧，這是爲什麼呢。

60幾歲、70幾歲時，還未迫切感受到體能的衰退，正因如此，對象徵「衰老」的長壽期產生恐懼，這種恐懼又與追求「今天活跳跳、明天死翹翹」或「早死」的期盼產生連結。這正是上野千鶴子女士說的「不看、不聽、不面對自己的老去」，切斷了對未來人生的想像。

相較之下，活到80歲後，就算實現了「今天活跳跳、明天死翹翹」或「早死」，這把歲數看在世人眼中也早已是「年老體衰」了。因此，即使內心仍懷著這種期盼，也只會深藏在心中，不得不重新思考起剩餘的人生歲月該如何度過。

在這種只要一天不努力，體力與記憶力就會不斷衰退的生活中，深切感受到「自己愈來愈衰老」時，原本對衰老的恐懼（＝對未來的想像）轉變爲嘗試每天努力過生活的心態，希望藉此減緩衰老的速度，這種形式的轉變成爲「積極」活在當下的原動力。這或許就是邁入80歲後，以這種形式度過長壽期的人和70幾歲、60幾歲世代想法分歧的原因。

黑井千次在其著作《老年的滋味》中說「對現代人而言，80歲才是人生中重大的分界點」。書中是這麼描述的：

「以前的人過了60歲後，會將古稀（70歲）或喜壽（77歲）等年齡視爲踏入下一階段的重大日子，但隨著人類壽命的增長，如何越過80歲這道坡，才是更值得重視且迫切的課題。

和古稀或喜壽等帶有慶祝意義的名稱不同，70歲、80歲這種直截了當的數字更具有現實感。因此，活到80歲時，人們不再花心思去想傘壽這類稱號，只想喘口氣，好好體會這個直截了當的歲數帶來的滋味。

接著，這個人（作者補充：書中指的是黑井千次80多歲的朋友）說的話深深滲透我的體內。他是這麼說的——達到目標的80歲後，正鬆了一口氣時，忽然發現眼前已失去目標。或許正因原本一心只想平安活到80歲，一旦眞的實現了，接下來倒不知該如何是好，陷入喪失目標的心境。」（黑井千次著《老年的滋味》中公新書，2014年，第130頁）

的確，如果把80歲當成開始面對老年而活的重大人生分界點，就不難明白爲何80幾歲的參加者對未來的想像和70幾歲、60幾歲參加者有這麼大的歧異了。

過了80歲後，人會分成兩種。一種是失去了「今天活跳跳、明天死翹翹」或「早死」的目標，卻又無法切換到新的生活方式，帶著「膝蓋痛」、「腰痛」的身體毛病，一邊說著「就算過了70歲這個坎，要翻過80這座坡就難了」，一邊嚷嚷「死神怎麼還不快來把我接走」，整天只能坐在電視前，眼睜睜看身體愈來愈衰弱。另一種則是能因應年齡切換出新的生活方式。

雖然因爲人數不多，我也無法百分之百斷言，但是和前面介紹過的60多歲、70多歲參加者比起來，80多歲的參加者面對85歲後長壽期時的態度明顯不同。從這樣的差異看來，80歲後還能過著積極生活，甚至來參加這種工作坊的，身爲後者的可能性比較高。

80歲過後，在社會上辦理各種手續時的難處

話說回來，這些80多歲參加者塡在表中的內容，仍有一些引起我注意的地方。儘管比起70多歲的參加者，80多歲的參加者們對VI期（85～89歲）和VII期（90歲以上）體能衰退的程度預測得更嚴重，但這六位都沒有提到任何「失去

自主生活能力時的具體對策」。

她們每一位都抱著積極的心態，想像未來仍能儘可能維持體力及日常生活。然而，照這樣說來，正因爲已經80多歲了，在她們填寫的內容中，應該要能看到已具體決定的生活方針，以及按照這些方針辦理手續等行動才對。

可是，在她們填寫的表格中完全沒看到這樣的內容。我想，這應該與另一個層面的「過了80歲後日常生活能力衰退」有關。

工作坊結束後，一位80多歲的參加者來跟我說：

「我沒有小孩，所以原本考慮去住付費安養院，可是現在覺得大概沒辦法了。因爲人家教我多比較幾家設施對重要事項的說明比較好，我就請設施寄說明手冊來，沒想到裡面印的字太小了，有些地方根本難以閱讀，內容本身也有光靠自己無法充分理解的地方。到後來實在覺得太麻煩，乾脆放棄，把說明手冊丟到一邊去了。唉，只好努力不讓體力衰退了。」

確實如此。如果是長年養成的習慣，像是散步或整理庭院的工作，只要自己決定要做，就可以當作每天的課題持續下去，但像這樣社會上的繁複手續，對80幾歲的人來說，進行起來或許開始有些困難。

這麼一想，來參加工作坊的這些參加者也一樣吧，她們只能姑且寫下靠自己就能處理的日常生活瑣事，卻寫不出萬一自己病倒時該做哪些準備。

如此一來，就連這麼積極有活力的高齡者們，一旦病倒時，或許也只能活得和前一節中說著「有錢就能不靠子女照顧」，卻又說剩下的事「兒子應該會幫忙想辦法」或「總會有人幫忙想辦法」的人沒什麼兩樣了。

「想在自己家中臨終」的80幾歲人中有七成不知道僱用居服員得花多少錢

說到這裡，我們先暫時跳脫對工作坊參加者未來想像的分析，看看《中國新聞》[1]以銀髮族爲對象實施「人生百年時代問卷調查」得到的耐人尋味的結果。

這份調查的實施對象是銀髮學習中心課程或演講的參加者以及該報讀者，共1258人回答了這份問卷。

其中有一個問題是「您是否知道目前僱用居服員（自費額）的費用，以身體照護的案例來說，30分鐘以上未滿1小時的費用大概是多少？」。

「60～79歲」的受訪者中有78．6%回答「不知道」，「80歲以上」回答「不知道」的則是75．8%，兩者的比例幾乎沒有差別（受訪者人數分別是「60～79歲」896人，「80歲以上」219人）。

再進一步看問卷調查中另一個問題「希望在哪裡臨終」，把回答「自己家」的受訪者抽出來，比對他們回答上一題「是否知道僱用居服員的費用」時的答案。

結果發現，「60～79歲」的受訪者回答「想在自己家中臨終」的比例是47．4%，其中回答「不知道僱用居服員費用多少」的比例是80．2%。

1 這裡的中國新聞，指的是位於廣島的「中國新聞社」發行的報紙，非指「中國的新聞」。

再看「80歲以上」受訪者中，回答「想在自己家中臨終」的比例是46．1％，回答「不知道僱用居服員費用多少」的比例是72．3％。

假設80歲以上的人比60～79歲的人更迫切思考這個問題，兩者的差異應該更大才對。然而，80歲以上且「希望在自己家中臨終」的人，卻有超過七成不知道僱用居服員的費用是多少。這個結果可說相當驚人。（數據引用《中國新聞》2017年6月25日早報的〈如何度過人生百年時代？〉）

參考這份調查結果來思考，這樣的傾向或許不只出現在工作坊參加者對未來想像的描述上，也能在所有仍積極生活的高齡者身上看到。

問題是，如果這是目前的眞實狀況，在政府積極推動居家照護福利的現在，那實在是很可怕的一件事。因爲前面也提過很多次，目前高齡者家庭的眞實狀況是「哪天病倒時沒有可依靠的家人，就算有家人也無法依靠對方，或是原本就沒有子女或甥姪等晚輩可依靠」的人愈來愈多了。

那麼，「對晚年的準備」究竟該做什麼才好呢。下一章我們就要來探討這一點。

《第五章》度過「年老體衰」期的方法，與為「倒下」後的準備

（1）「生龍活虎」期與「年老體衰」期的落差之大

不久的將來在「大量高齡者」身上可能發生的風險

在前一章中我們看到，根據國家的調查，高齡者認爲的「自己能活到幾歲」，女性平均爲78．79歲，男性平均爲80．73歲。換句話說，日本的高齡者普遍認爲「自己的壽命頂多是80歲上下」。

然而，現實狀況是長壽化不斷進展，今後80歲以上人口將急速增加。

2000年時，80歲以上人口只有486萬，佔總人口的3.8％，到了2015年已增加到997萬人，佔總人口的7.8％，足足增加了1倍。等到整個團塊世代都進入85歲後的2035年，預計全國80歲以上人口將大幅成長至1629萬人，佔總人口的14．1％【表3】。

其中最該注意的是高齡獨居戶口的擴大。根據「65歲以上高齡獨居戶口之性別與年齡結構」，2017年時所有獨居戶口中，80歲以上者的佔比情形如下：80～84歲女性佔21％，男性佔12．5％，85歲以上女性佔20％，男性佔

【表3】高齡者人口及比例變化

年份	總人口（萬人）	高齡者人口（萬人）				佔總人口比例（%）			
		65歲以上	70歲以上	75歲以上	80歲以上	65歲以上	70歲以上	75歲以上	80歲以上
1950年	8320	411	234	106	37	4.9	2.8	1.3	0.4
1975年	11194	887	542	284	120	7.9	4.8	2.5	1.1
2000年	12693	2204	1492	901	486	17.4	11.8	7.1	3.8
2015年	12709	3387	2411	1632	997	26.6	19.0	12.8	7.8
2035年	11522	3782	2971	2260	1629	32.8	25.8	19.6	14.1

注：1950年不包括沖繩。

【出處】平成29年 統計TOPICS No.103（總務省統計局）

12.2%，都是很高的比例【圖5】，其中女性更是明顯。

85歲以上高齡人口不斷增加，高齡者的家庭基礎結構卻愈來愈脆弱，現代社會正朝這方向變化中。把這樣的社會變化和前一章提到的「積極生活的現代高齡者生活的方式」合起來看，即可預見在不久的將來，大量高齡者可能會陷入某種危機局勢，那是什麼呢。

還有精神體力的時候，別說預先處理「後事」了，就連病倒時的事也只抱持「船到橋頭自然直」的態度，認爲「總有人會幫忙想辦法」。過著這種生活的高齡者一旦

【圖5】65歲以上獨居戶口之性別與年齡結構

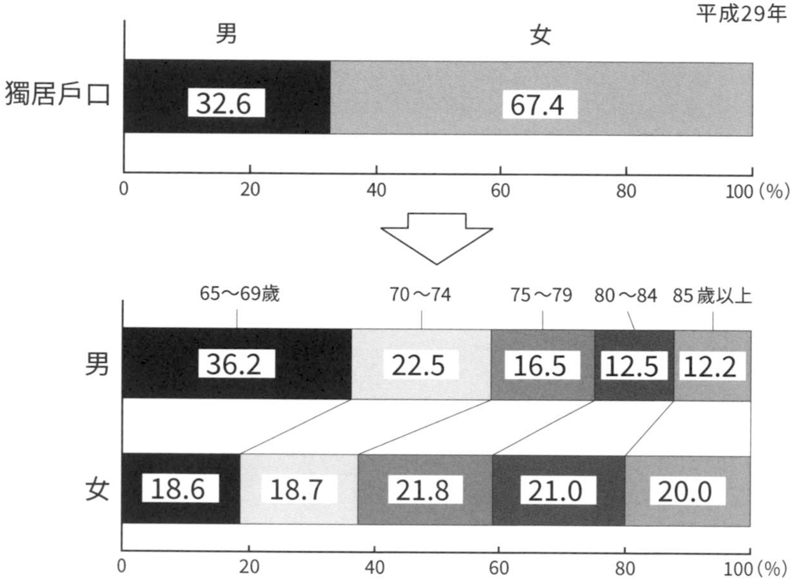

【出處】平成29年國民生活基礎調查（厚生勞動省）

倒下，就會不知如何因應這預料之外的事態，驚訝於病倒前與病倒後的人生落差，因身邊無人可依靠而走投無路，身體健康每況愈下，陷入一發不可收拾的窘境。這樣的高齡者一定會大量增加。

請回想第三章介紹過的三位高齡女性案例。一位是85歲前還很有活力，病倒後的85～90多歲生活出現巨變，原本以爲住在一起的兒子會照顧自己，兒子卻對她不聞不問的O女士(95歲)，一位是期待回家鄉同住的兒子忽然病逝，人生朝意想不到方向發展的P女士(98歲)，一位是罹患失智症，生活陷入崩壞狀態的獨居R女士（95歲）。如果不預先爲晚年做準備，不但很可能遭遇與她們相同的困境，近10幾年來家庭結構的變遷與醫療、照護制度的變化，還可能使狀況惡化得更嚴重。

高齡期住院——因準備不足而陷入混亂的人們

深切體認到這個事實，是我在2017年生了急病送醫，在急性病大樓的多人病房住了2星期的親身經歷而來。

那是一間四人房，包括期間出院與新住進來的病患在內，住在這一間病房的除了我之外，所有人都是80多歲的長輩。有獨居的高齡者，也有夫妻一起生活的，有人和單身兒子住在一起，也有和女兒全家住在一起的，這間病房儼然就是日本高齡者家庭結構的縮圖。

「過了80歲，醫生說的話只聽得懂一半。幸好有女兒陪在身邊，三兩下就把事情都辦好了。有女兒在我就放心多了，什麼事只要交給女兒就好。」

說這番話的，是和女兒一家住在一起的一位女性長輩。除了她之外，其他長輩都因緊急住院感到混亂失措，其中還有人陷入恐慌。

只有夫妻兩人同住的情況是，丈夫一下問「照護保險證放哪？佛壇下還是抽屜裡？」一下問「服藥手冊妳拿走了嗎？放在哪裡？」從家裡到醫院來來回回跑了好幾趟，妻子被護理師問到「有沒有專屬家醫？」時，竟然回答「是指定期去看病的醫院嗎？有好幾間喔。」護理師只能無奈地糾正她「不是那樣的啦⋯⋯」。

另外，同房另一位女性長輩在聽到護理長請她2、3天後辦理出院時，當場陷入嚴重的恐慌。

女士先是這樣拜託護理長：「可以在我判斷自己能出院時再出院嗎？我沒自信一個人生活，希望可以讓我儘量住院住久一點。」

面對她這樣的請求，護理長的回答則是：

「很可惜無法達成○○女士您的希望。您似乎認為因為自己過去很努力，所以都能恢復原本的健康，但是您過去的健康程度，和這次出院後的健康程度有所不同，您自認能回家住的健康程度，也和醫院判斷可以出院的健康程度不一樣。

現在已經不像以前那樣可以一住院就住上2、3個月，2星期已經是極限了，要是可以的話，希望您下星期辦理出院，之後請家附近的醫生定期上門爲您看診，也可以聘請居服員到府上照顧您，請朝這個方向考慮。」

被護理長這麼說了之後，當天晚上這位女士焦慮到睡不著，半夜按了好幾次護士鈴，最後還說「覺得心臟怪怪的」要求醫院「快幫我照心電圖，好好檢查一下」，隔天早上也說「心臟不舒服吃不下」，連早餐都不吃。

因爲住在同一間病房，我自然而然目睹了這一切，心想，要是她們能在病倒前提早做準備，比方說事先告訴配偶健保卡和照護保險證、服藥手冊等東西放在哪裡、互相告知彼此的健康資訊，或是搜集最新醫療情報——像是專屬家醫的必要性或急性病房最多只能住2星期等資訊——如果平常就能小心留意這些事，緊急住院時就不至於這麼混亂恐慌了吧。

即使「想依靠子女」也說不出口，內心鬱悶

不光是病倒後的這些問題，如果有子女，子女這一代的狀況複雜，高齡者煩惱於與子女之間的關係，很多人都面臨了事情發展不如己意的局勢。

對90歲以上的世代來說，大多數人還留有「子女照顧父母天經地義」的想法，相較之下，80多歲的高齡者多半強烈表示「自己還有體力的時候就不想也不能讓孩子照顧」，這一代人的子女「照顧父母」的觀念也比較薄弱。

在這樣的情況下，有些做父母的就算內心希望依靠子女，卻很難從自己嘴裡提出要求，內心卻又暗自擔心起病倒時該如何是好，整天鬱悶度日。更糟糕的，是用扭曲的方式表達想依靠子女的心情，不但讓親子之間關係更為惡化，甚至招來意想不到的糟糕結果。

以下是前者的例子，一位83歲男性以沉重的口吻訴說了現在的心境。

「我現在83歲，之前老婆病倒後是我照顧她的，幾年前送走了她，心想輪到我倒下時，只能讓兒媳婦照顧我了，所以，我也很想聽聽媳婦的意見，但是

又不敢問。不知道將來自己會怎樣，是不是得住進安養院才行了，可是，聽說住安養院要花很多錢，哪來那個錢啊。每天東想西想的，晚上經常都睡不著。」

後者的例子是我從朋友那裡聽來的，他這麼描述了朋友的朋友（83歲）身爲高齡母親與女兒之間的關係：

「有個83歲的朋友，她有女兒也有兒子。有次她忐忑地問兒子自己是不是差不多得住進什麼設施了，兒子只說『等身體狀況不好了再開始找就好』。她又問了女兒同樣的事，女兒也沒給什麼好答案。畢竟身爲女兒得親自照顧她才行。

因爲女兒沒給什麼好答案，她就想試探一下女兒，跟某安養院要了申請書，對女兒說『我想去住這裡』，結果女兒馬上說可以當她的保證人。其實她內心是希望女兒拒絕的，想聽到女兒說『媽，不要去住那種地方，弟弟和我都在，我們會照顧妳』，沒想到女兒卻沒這麼說。

就這樣跟安養院提出了申請。一開始因爲沒有空位被對方拒絕入住，後來又聯絡說有空位了，請她準備搬進去。其實她一點也不想去住，只是想試探女兒而已。嘴上說不想或不能給子女添麻煩，事實上根本很希望子女照顧。」

這位女性被自己的「試探行動」逼得住進了安養院。然而，就算事情沒有弄到這個地步，原本的她一方面說「不想跟子女住在一起，不想顧慮那麼多」，一方面又常把「我活太久了，活這麼久一點好處也沒有！」、「子女都忘了我這個媽，連電話都不打來，也不會來探望我……」等等抱怨掛在嘴上，其實想依靠子女，但總是無法乾脆說出「拜託，幫幫我」，而是製造出逼迫孩子照顧自己的狀況。如此一來，親子關係當然變得愈來愈差。這種例子還眞的不少。

聽多了這種例子，我整理出現代70幾、80幾歲的高齡夫妻或獨居高齡者最需要的是什麼，內容在第三章中也稍微提到過：

・一旦病倒時，希望被誰發現。

- 被發現後，希望跟誰聯絡。
- 體力稍微恢復後，雖已「年老體衰」但仍能靠自己（或夫妻倆相互扶持）生活時，該過怎樣的生活才能度過老年時光。
- 到時希望由誰來守護、支援自己的生活
- 無法靠一己之力生活時，希望能住在哪裡，和誰住？
- 如果住進安養院，希望住怎樣的安養院。
- 是否清楚現今的醫療與照護制度？

我再次深深體悟到，重要的是事先像這樣朝各方面思考、調查，趁還有精神體力時，靠自己搜集與思考「年老體衰期」需要的具體協助和相關資訊，而不是把一切丟給別人。

（2）令人讚嘆驚佩的兩位女性「對晚年的準備」——其①

姐姐、外甥夫妻及外甥女夫妻都在身邊的X女士（80歲）

《X女士的個人檔案》

1938年（昭和13年）生，80歲，女性。與外甥一家人同住的姐姐（85歲）就住在離她車程10分鐘左右的地方。外甥女夫妻也住在附近。X女士原本服務於金融機構，一直工作到可領年金的55歲左右退休。單身。

在多數人都抱持「現在還不想去思考這件事」、「過一天算一天」、「總會有人幫忙想辦法」的情況中，我遇到了兩位女性高齡者，讓我忍不住讚嘆「哇！好棒！原來還可以趁年輕時先爲晚年或死後做這樣的準備」，從她們身上學到許多。

她們是終身未婚的80歲X女士和91歲的Y女士。

X女士說：「從我決定不結婚那一刻起，人生就是慢慢朝晚年邁進了，所以我一直認爲，必須儘早開始思考關於晚年的事才行。」Y女士說：「我單身未婚，從年輕時就開始思考病倒後得依靠誰。48歲那年母親過世後，我就開始認眞準備這些事了。」

不過，一位是姐姐、外甥與外甥女就住在附近，生活上可受到這些親人協助的X女士，一位是身爲五姐妹的老么，還在世的姐姐也都已年老，外甥們都住在遠處無法提供協助的Y女士，狀況不同的她們兩位，「爲晚年做準備」和「爲死亡做準備」的方式也有所不同。

首先，從姐姐（85歲）、外甥（62歲）及外甥女（65歲）都住在離家10分鐘左右車程，彼此互動良好的X女士「爲晚年做的準備」和「爲死亡做的準備」開始看起吧。

一個人生活時，「爲晚年做的準備」中，最大的問題往往是身體衰弱時要住在哪裡、跟誰住，以及病倒時希望被誰第一個發現。不過，以X女士的狀況來說，她在現在住的這棟房子已經持續住了48年，從33歲那年選擇住在這裡時，就已經考慮過前述那些問題了。

X女士「現在租的房子，從我33歲開始到現在，已經住了48年。租屋的原因是，如果買房的話，最後就非處理那棟房子不可，若是租屋，房子有自己的房東，身後處理房產時的麻煩可以減至最低。另外，病倒時如果沒人發現就糟了，所以我找房子時特別注意這個問題。再說，只要房東住得近，房子有什麼問題都能隨時商量不是嗎，我走了之後處理起來也輕鬆。於是就找了這棟水泥樓房，租下一樓的一半。房東住在二樓。」

除了租屋處外，爲需要照護的晚年預做準備的X女士，還在53歲那年，買下某安養院一間房間的終身使用權。

X女士「53歲時之所以買下那間房間，是看到廣告說安養院二樓就是醫院，『上了年紀生病時就能隨時住院』，於是買下建築物一樓的房間。心想年輕時就當別墅，偶爾去住住，老了就當作最後的住處，因爲買下的是終身使用權嘛。可是，買了10年後，醫院退出那棟建築，安養院的性質也改變了，所以買下20年後，我73歲時就把那間房間轉手賣掉了。」

除了這間安養院外，X女士還從60幾歲起加入社會福利的學習團體，持續參觀了很多不同的安養院等設施。

在這樣的過程中，她因爲得出以下結論，所以有段時間停止參觀設施，直到將近80歲的78歲時，才又重新認眞找尋想入住的安養設施，現在也還在找尋。

X女士

「我去參觀一間特別養護老人院時，住在那裡的人跟我說『我們離開這裡的時候，就是死掉的時候』，聽了這句話，我猛然驚覺住進老人院就像被判終身監禁，於是從那時起暫停了參觀安養設施。

可是，最近眞的是無路可走了，健忘的症頭愈來愈嚴重，心想都已經活到80歲，也算可喜可賀了啦，忽然覺得去住安養院也沒關係了。78歲時我去參觀一間高服住宅（附帶照護服務的高齡者住宅），裡面的說明每句都打中我的心，以前去聽這種說明都是左耳進右耳出，那時卻覺得被深深說進心坎裡。」

從33歲就開始思考倒下時需要有人發現，之後也一再思考自己進入「年老體衰期」後要在哪裡度過餘生，只要一有機會就儘可能做出選擇並採取行動。聽了X女士這樣的生存之道，我深深反省自己的天眞與懈怠，一再讚嘆「原來要考慮到這個地步啊！」。

「對死亡的準備」也做得徹底

此外，X女士「對死亡的準備」，也就是對「後事」的準備也做得很徹底，我一邊聽她分享，一邊不斷點頭稱是。

底下就從X女士自己做的「對死亡的準備」紀錄，來看看她做了哪些準備吧。

①63歲時，將存有300萬存款的存摺與金融卡交給姐姐。因自己喜歡登山，這筆錢是用來當自己在山裡出了意外時的備用金。

②75歲時，請外甥代替高齡的姐姐負責保管上述存摺與金融卡。

③75歲時，自己預約了葬儀會場。葬儀費用是24萬圓。由外甥夫妻和姐姐陪同看過場地後簽約。

④78歲時，與外甥約定好自己死後從葬禮到租屋處的退租，各種手續的終止辦理等等，都由外甥負責執行。將自己保管存摺及其他重要文件的地

方告訴外甥，也給外甥看了「尊嚴死亡宣言書」。此外，爲防萬一，將自家的備用鑰匙交給外甥。

⑤80歲時，撤除X家的墳墓。祖先的遺骨移入姐夫家的「家」墳，委託外甥處理原本X家的墳墓。順便拜託外甥處理了住處裡用不到的東西和垃圾。費用共100萬圓。

⑥除了上述幾件事外，遇到白內障或其他疾病住院手術時，都會請姐姐、外甥和外甥女當保證人。他們會陪同聽術前說明，也會來醫院探病，每次自己都會付費。

以這種形式進行的「爲死亡做準備」，在80歲的今年以「撤除家墳」姑且告一段落。X女士如此描述現在的心境：

X女士 「把家裡的墳墓處理完，感覺卸下肩上的重擔。自己死後的葬禮及各種申請和手續，像是死亡通知、年金的止付等等，還有水電瓦斯及租屋處的解約，全都拜託外甥幫忙。聽我這麼一說，外甥也回答他認爲這本來就是他該做的事。雖然我們沒有寫成白紙黑字，只有口頭承諾就是了。但是，不像這樣把該做的事情一一安排好，我怎麼能放心去死呢，現在總算都安排好了。需要保證人的話，外甥也會幫我當保證人，想要死得有尊嚴的事也寫下來了，我已先跟醫生說好，萬一我昏迷不醒就去問外甥，這些都好好安排了。剩下的就是找照護、看護我的人，我想這應該分開來考慮，就沒有跟這些一起處理。接下來會去多看幾間安養設施，然後再決定要入住哪裡。」

聽著X女士的分享，令我佩服不已的有幾件事。

首先，很多人都說「不願去思考自己病倒之後的事，因爲那太負面了」，但是X女士總是用開朗積極的態度談論這些，主動打聽安養院的資訊，說著「什麼事都得靠自己去做才行啊」，一個人去參觀那些設施。以她那個年代的女性來說，這是很罕見的事。

此外，將保證人等重要事項委託外甥時，她一定會在姐姐、外甥及外甥的妻子三人都在的場合提出。

X女士「討論這類事情時，一定會找他們三人都在場的機會提出。因為，如果不能獲得三人的同意，到時事情做起來絕對不會順利。葬禮的事也一樣，我們四個人一起去葬儀社，付了頭款後簽約。」

不只如此，做了上述這類決定後，等進入執行階段時，X女士一定會支付相應的酬勞，藉此好好表達謝意，並以口頭說明自己支付這些金額的原因後，才將錢親手交給外甥。

乍看之下好像是很簡單的事，對認為「近親做這些事天經地義」的人而言，因為沒有同樣的金錢觀，做起來或許比想像中難。

（3）令人讚嘆驚佩的兩位女性「對晚年的準備」——其②

親戚都住得很遠，獨自活在「老邁斜坡」上的Y女士（91歲）

《Y女士的個人檔案》

1926年（大正15年）生，91歲，是五姐妹中的老么。母親將自己的晚年託付給這個小女兒Y女士，不願離開她。於是Y女士照顧了罹患失智症的母親10年，母親過世後，用母親留下的遺產獨自生活。

X女士有外甥夫妻與外甥女夫妻和姐姐等親人在身邊協助她「做晚年的準備」與「做死亡的準備」，且X女士才80歲，腰腿都還算健康，可以自己到各地去觀摩今後想住的安養院。

相較之下，Y女士雖然是五姐妹中的老么，還在世的兩個姐姐（分別是96

歲與93歲）都已住進安養設施，外甥及外甥女也住在外縣市，身邊沒有可依靠的親戚。不只如此，Y女士比X女士年長10歲，還受髖股關節炎所苦，關節一年比一年疼痛，導致步行不易。

話雖如此，Y女士並非過著孤立無援的生活。她用書信往來和電話聯絡的方式細心建立了人際關係，現在的她表示「今後也想住在自己家裡」，度過平靜無波的晚年生活。

這樣的生活之所以能夠成立，得拜Y女士「從年輕時就開始思考」並落實為生活習慣的「為晚年所做的準備」，以及89歲時，地區民生委員在察覺Y女士對獨居感到不安後，為她介紹了維護高齡者權益及支援成年監護人制度的NPO法人之賜。因為有了與NPO法人的接觸，Y女士和專門支援者（社工師）建立關係，開始接受制度上的支援。這也是Y女士能夠安心生活的一大要素。

Y女士這種生活的特徵——身邊沒有可依靠的子女或甥姪等晚輩，很早就開始做「晚年的準備」及「死亡的準備」，與專業社工師取得聯繫，確保最晚年期的安全與安心——在今後長壽化不斷進展的社會中將會愈來愈常見。就「身邊沒有近親支援的獨居高齡者生活」思考時，Y女士的經驗有許多值得參考的地方。

其中最引起我注意的，是從年輕就開始「爲死亡做準備」的Y女士在91歲時，透過專業社工師的協助，決心接受髖股關節炎治療手術，爲可能臥床不起的自己做的「晚年準備」。她所做的準備細節非常周延，爲了對應種種可能發生的危機，事先採取了各種方式完成這些準備。

關於居所的晚年準備——伴隨年齡增長思考也出現變化

Y女士從70歲開始爲晚年期及死亡做的準備中，有這麼幾件事。

第一，是找尋當她無法靠一己之力獨自生活時照顧自己的安養設施。另一件事，是請熟識的寺院代爲處理家墳和祖先的永世供養。此外，她也寫下遺書註明自己死後若有遺留財產將贈與誰。最重要的一點，是確保自己倒下時願意爲自己擔任保證人的對象。

在這些「爲晚年做的準備」中，Y女士對自己老後的居所，也就是對「臨終時要住在哪裡」的想法逐漸改變。

60幾歲時，她一直希望「買一棟自己的公寓住到最後」，到了70幾歲又改變心意「想找一間好的安養設施」，而80幾歲到現在，她的想法再次轉變成「住在現在這棟房子裡迎向生命尾聲」。

春日 「聽說您從70幾歲開始造訪公所之類的地方，這是爲了什麼呢？」

Y女士 「因爲我必須自己一個人面對臨終，所以得先做好準備。我在70幾歲時參加了關於遺囑的說明會，在說明會及相關資料中得知有公證人公所[1]的存在，之後一直都有加以利用。那時還有體力，想要找間好一點的安養設施，就到處觀摩了很多地方。原本一直想存錢買公寓，那時一想到『就算買了，現在住進去也頂多住10年吧』，於是萌生放棄買房的念頭。」

春日 「那時您認爲自己大概會活到80幾歲嗎？」

Y女士 「對啊，所以那時想的是得找到好的安養設施才行。」

和X女士一樣，Y女士也獨自一人找尋設施，搜集相關資訊，自己一個人前往觀摩、講價。以結果來說，在將近80歲時，她做出了「暫時還不用住安養院」的結論。原因如下：

春日　「您都是一個人去參觀安養設施的嗎？」

Y女士　「是啊。報紙裡夾了傳單，我看了就自己去參觀。實地參觀的好處是可以感受每間設施獨特的氣氛，不同設施的住戶差異也很大。

去某間設施參觀時，對方邀我一起吃午餐，結果，餐廳裡有兩組人馬，一組是三、四個打扮得珠光寶氣的女性，另一組是穿棉襖的老奶奶，兩組人在同一個餐廳裡用餐。我想自己應該會被歸類到棉襖老奶奶那組去吧。可是，一想到就算只是用餐這段時間，自己眞的能夠顧慮他人或配合團體的話題嗎。雖然那間設施有附溫泉和單人房等條件我滿

1　公證人公所隸屬日本法務局，是為民眾提供各類公證憑證或身分認證的公家機關，在此Y女士應該是請公所擔任入住安養院時的保證人。

中意的……」

春日 「後來沒去住那裡的原因是什麼呢？」

Y女士 「過了80歲後感到一切都很吃力，再說，我還是認爲獨自生活比較好。」

在這段找尋設施的過程中，原本一直獨居公寓三樓的Y女士，於85歲那年搬到同一棟公寓的一樓。「因爲出門時跌倒骨折，後來每次要搭計程車去醫院都很不方便。」Y女士這麼說。在討論這個話題時，我注意到的是下面這件事。

春日 「如果沒有發生就醫麻煩的這件事，您就不會考慮從三樓搬到一樓嗎？」

Y女士 「是啊，實在是因爲去醫院太麻煩。等治療好我就搬到一樓了。」

春日 「換句話說，只有在發生這麼麻煩的事後，您才察覺搬家的必要性？」

Y女士　「是的，至少以我的情形來說是這樣。」

連頭腦聰明，行事謹慎，做任何事都講求有備無患的Y女士仍是如此了，更何況平常沒有未雨綢繆概念的人，要在發生問題前預先想到做準備並付諸行動，眞不是件容易的事。

從找尋人生最後住處的「晚年準備」開始，Y女士自70多歲展開的學習成果之一，就是85歲那年寫下遺囑，遺囑中說明將父親的墳墓交給有多年交情的菩提寺住持管理。這位住持也答應在Y女士需要住院時擔任保證人及擔保人。

春日　「您有擔保人嗎？住院手術時的保證人是誰呢？」

Y女士　「也是請住持擔任。昭和6年家父過世後，一直和這座菩提寺保持交情，住持也知道我死了之後沒有繼承人。我在遺囑中寫明死後將資產留給寺院，請寺院代替我持續供養寺中祖先。」

住院時的縝密準備

從70多歲就開始一個人思考並執行對晚年與後事的準備，這樣的Y女士已經足夠令我讚嘆驚佩，更令我感動心想「太厲害了，竟然能準備周全到這個地步！」的，是她為髕骨關節炎手術後需住院2個月而做的事前準備。

儘管長年受關節炎疼痛所苦，Y女士原本對動手術一直有所猶豫，直到前面提到的NPO社工師強烈建議她最好動手術，Y女士才終於下定決心。

春日　「住院前做了哪些準備呢？」

Y女士　「做那些準備真的很折騰呢，因為我一個人住啊。得先暫停訂報，原本定期訂購宅配到家的藥品和化妝品也都一一打電話去退訂，我都有把電話號碼抄起來。還有，重新鋪床，衣服也都全部洗乾淨晾乾。住院時季節還很溫暖，但出院回家時天氣已經變冷了，考慮到那時候的事，我還先把冬天的棉被拿出來。還有，想到手術完暫時可能無法提重物，一些比較厚重的衣物就先拿出來放在寢室。

還有，連出院那天要帶的東西、穿的衣服和鞋子都儘可能在住院前準備好。爲了避免出院回家後沒東西吃，還先把食物做好冷凍起來。畢竟我是一個人住啊。」

除此之外，Y女士還做了其他事。Y女士平日的一大興趣是在自家陽台上用花盆種花，因此，住院期間特地拜託人來幫忙澆水，爲了此事還先取得了房東的同意才放心住院。

春日　「住院時誰幫忙收郵件和檢查門窗呢？」

Y女士　「我住院前有先聯絡房東要住院的事，然後也把鑰匙放在誰那裡告知房東了。幫忙保管鑰匙的人會來家裡收郵件和澆花等等，我也事先把謝禮交給幫忙的人了。」

我欽佩道：「哇，竟然做了這麼周全的準備才去住院。」聽我這麼一說，Y女士便回答：「因爲我一個人住啊。」

這句「因爲我一個人住」經常出現在Y女士的談話中。連住院前都會做這許多準備的Y女士，平常已習慣做好去醫院看診前必須完成的健康管理，因應可能發生的危機，在日常生活中如養成習慣般事先做好各種準備。像是「每天測量血壓、體重和脈搏」以及「服藥手冊和健保卡、照護保險證都放在包包裡，隨時都能帶著走，必要時馬上就能拿出來。住院時需要的生活用品也一起放進包包裡了」。

進入90歲後「住在家裡老去」的想法愈漸實際

此外，我還詢問萬一在家裡倒下時門卻鎖著怎麼辦。她的回答是這樣的：

春日　「平常都會鎖門嗎？」

Y女士　「門總是鎖著的喔。」

春日　「萬一鎖著門的時候，在屋裡發生緊急狀況怎麼辦？」

Y女士　「這件事我也和房東商量過了。我問房東如果遇到緊急狀況怎麼辦，他說那就把窗戶打破沒關係。也是因爲這樣，我才搬到一樓。」

聽了這答案，我不由得驚訝地說：「是喔！原來搬到一樓還有這個原因啊！」

我去拜訪Y女士並進行訪談，是她剛出院不久時的事。這時的她只需要居服員1星期來幫忙1天，就能在沒有太大困難的狀況下獨自生活。在這樣的生活中，爲了預防跌倒，晚上只使用簡易馬桶如廁，是眼前Y女士認爲最痛苦的事，因爲之後清潔處理不方便。

春日　「做完手術出院後，現在的生活中最痛苦的是什麼事？」

Y女士　「負擔最大的，當然是要把簡易馬桶裡的排泄物倒掉囉。雖然沒有很重，但我還得一手拄著拐杖，而且每天都得做嘛。每天早上整理床鋪前就先拿去倒掉，這種事總不能拜託別人幫忙啊。雖然居服員說那也是他們的分內工作，但我認爲只有臥床不起時，才不得已拜託別人幫忙這種事，現在還不行。再說，居服員1星期只來1天，要是在那之間都積著不倒掉也不行。」

手術前雖然很擔心手術後的生活，但在實際體驗過之後，Y女士發現只有這一點比較痛苦，其他時候還是能順利度過，於是開始表示「可以的話，希望餘生都在這個屋子裡度過」。

70幾歲時認爲晚年只能住進安養院，也積極找尋了好一陣子的Y女士，在超過90歲的現在，反而認爲在住慣的家中繼續生活是更實際的選擇了。

看在獨自生活的兩人眼中，有家人照顧的人會產生「依賴心」

那麼，看在終身未婚，「從年輕時」就開始獨自做好「晚年準備」和「死亡準備」的X女士和Y女士眼中，已婚有家庭的同年代女性在丈夫過世後的生活方式又是如何呢？

X女士　「有些人丈夫過世後和孩子住在一起，即使是認爲自己不能麻煩子女照顧，自己的事得靠自己做，或是嘴上說靠別人照顧很痛苦的人，也完全不打算自己去找安養設施，或是沒有足夠的知識去做這件事。關於晚年想過怎樣的日子，她們沒有自己的想法，所以只能每天煩惱著腰腿不好了、無法自己煮飯吃之後該怎麼辦，這樣的人很多。」

Y女士　「像我這種從以前就一直獨自生活的人，和丈夫過世後才獨居的人不一樣。每次看到她們，我都會覺得她們怎麼會那樣呢。因爲她們總是做一些很奇怪的事。

我想，或許因爲她們過去太依賴丈大，一有什麼事就問『孩子的爸、怎麼辦？』到最後自己什麼都無法決定，也沒有能力決定。和她們不同的是，我必須靠自己做出決定才行啊。像我這樣，連母親都依靠我的人，任何事只能靠自己決定了。家母住院時，連決定住哪間醫院的人都是我。以這層意義來說，女人還是自己一個人比較強。」

被她們說得這麼直白，我不由得心想「有丈夫、有孩子的我，或許也打從心底依賴著誰吧。可是，到什麼萬一的時候，抱持『不管怎樣老婆都會幫我想辦法』，總是依賴著我的外子一定比我更容易陷入困境」。

同時我也發現，在這種夫妻相互依賴的情形下不做任何準備，失去另一半後忽然變成獨居老人，就這麼獨自進入80歲、90歲長壽期的人，今後一定會大量增加。今後就是這樣的時代。

在這樣的時代下，走入家庭的人們若想跨越對家人的依賴心，培養自己思考、選擇「爲晚年做準備」和「爲死亡做準備」的能力，將會比因爲單身而不得不獨立生活的女性更不容易。能夠克服想依賴家人的心情，做好獨居準備的人有多少呢？我再次深深體認到，要是大多數人都做不到的話，這個社會將進入一個非常辛苦的時代。

《第六章》現在需要做什麼

——介於「走一步算一步」與「強烈不安」之間

（1）無法靠自己準備的東西

「獨居頑固高齡者」的問題嚴重

A會員「獨居者問題中最大的問題，就在於那些不對外求助，也不與人建立關係的人。我雖然一直告訴自己不能變成那樣，但一想到上了年紀後有可能變成那樣就覺得好可怕！」

B會員「我有個81歲的朋友得了輕度的失智症，勸他最好去看醫生，他怎麼樣都不肯去，還堅持自己腦袋正常，只是腰腿比較無力而已。」

C會員「我認識的一個人現在86歲，不管告知他任何資訊他都聽不進去，還說自己到90歲都沒問題。如果我還是繼續教他事情，他就會說『你人很好，最大的缺點就是太認真了』還反過來想指導我。其實他應該真的有困擾，但絕對不會說出口。」

我隸屬的「改善高齡社會婦女會．廣島分會」每2個月會舉行1次「獨居者咖啡館」聚會，上面的對話就是某次聚會時的內容。舉辦咖啡館聚會已經4年了，參加資格原則上都是「獨居者」。不過，有時也有無子女的兩人夫妻、有子女但無法依靠子女的人，或是父母親友中有獨居者的人加入。

那天熱烈討論的話題是「自己認識的獨居者中特別頑固的人」，不過，當天只是聊得很熱烈，並沒有繼續深入探討這個主題。

直到這次我開始關注「爲晚年做準備」的議題，重讀了那次聚會的對話紀錄，這才重新體認到這個問題的嚴重性。

如果站在「爲晚年做準備」的觀點重看上述對話，就會發現好幾個問題點。

首先，如果有「一想到有可能變成那樣就覺得好可怕」的危機意識，在陷入那種「可怕」的事態前，究竟該做什麼準備才好。這是第一個問題。

其次，不接受親近友人或熟人的建議，「不對外求助，也不與人建立關係」的人，是否就只能過一天算一天，等事到臨頭再說了呢？在「事到臨頭」之前有沒有其他辦法？換句話說，有沒有什麼官方支援制度可利用呢？那種支援能由誰介紹給獨居者？

思考這些問題，或許也能找出預防「孤獨死」的方法。

話說回來，前一章對「晚年準備」和「死亡準備」周詳到令人讚嘆地步的X女士和Y女士面對這類問題時，又是怎麼準備的呢？

就前一章的內容來看，至少目前X女士和Y女士都還沒有失去判斷能力和自主決定的能力，正因如此，她們才能儘可能做充分的準備。

然而，獨居者或只有夫妻倆共同生活的人沒有能守護自己、維護自己權益的家人，當他們年老到失去自我選擇及自主決定的能力時，危機才眞正降臨。在這點上，X女士和Y女士做了哪些準備？

為「失去自己決定的能力後」做準備很難——有制度上的限制

首先從X女士的例子看起。關於「對死亡的準備」，她曾表示「不像這樣把該做的事情一一安排好，我怎麼能放心去死呢」，她對後事的安排就是做到這麼周全的地步。

然而，關於自己病倒後的準備，她卻這麼說。

春日　「對X女士您而言，接下來要解決的問題就是自己病倒後由誰來照顧的事了吧？關於這點，您是否做了哪些準備呢？」

X女士　「就是啊，死後的事大致上都處理好了，問題就是病倒時誰來照顧我。這可是個大問題，實在不知道該如何是好。雖然有很多安養設施，也不知道住哪裡比較好。

還有，雖然聽人家說『找一個好的照護管理員（care manager）很重要，最好去找地區整體支援中心商量』，可是，如果不是身體已經出了問題就無法申請照護管理員吧？我要動乳癌手術前，曾經去地區整體支援中心問『如果手術後動彈不得該如何是好』，結果對方說『喔，那到時候再請您來申請吧。到那時候就會派照護管理員和什麼人跟什麼人的，總共會來三個人』。可是，如果要到那時才能申請的話，根本就算不上是預先準備了啊。」

在此需要特別注意的是，X女士說的「病倒後的事不知該如何是好」。

如果想住進安養設施，光以附帶照護服務的高齡者住宅爲例，每間設施的服務內容就都不一樣了。是否提供飲食、設施本身是否併設照護事業所及日間照護所、是否有24小時照護服務、是否有看護服務、是否對應失智症、是否有臨終照護服務……要一個人在這麼多的差異中做出選擇，對年老體衰的高齡者來說是極爲困難的任務。

再者，即使是已學到病倒後可找照護管理員照顧的X女士，明明想在尚未病倒時未雨綢繆先找好照護管理員，卻受限於制度規定而無法達成這件事。根據日本現行照護保險制度，想要申請照護管理員，得從申請「需要支援、需要照護」的資格開始，獲得核可後才能開始下一步，在人還沒病倒前，即使找政府機關商量，也只會得到「到時候再說」的回答，等於吃了閉門羹，正如X女士所說，「根本算不上做好準備」。

接下來看看Y女士的情況。

對身邊沒有近親可依靠的91歲Y女士來說，病倒時的問題更是迫切緊急。她說85歲之後，從夾報傳單中得知有幫忙提供身分保證服務、日常支援服務及死後事務服務等的高齡者支援事業所（是目前已破產的某協會），還曾請負責窗口來家訪過。

Y女士「我從傳單上知道有那樣的地方，就想先見個面看看。結果來了一個男人，說『請先支付1年份120萬的金額，之後每個月會來家中探望1次。今天正好我人在附近，所以就派我過來』。我心想『欸？是讓這個人來我家嗎？我需要的不是這樣啊，只要我聯絡時有人來幫忙就好了』，因爲這麼想，後來就沒有簽約。」

對原本只和母親同住，工作上也少有與男性接觸機會的Ｙ女士來說，就算對方只是爲了工作所需，要讓陌生男人每個月來自己家中１次還是很可怕的事，所以她很快就拒絕了。

身邊沒有值得信賴的人，光憑傳單上的介紹便輕信了這類事業所，把自己的一切交給對方照顧，這是多麼危險的事，從第三章中提到過，在短期間內被不良業者騙走大量金錢的Ｒ女士例子就能明白。

如上所述，結果Ｘ女士和Ｙ女士都無法在因病臥床或得了失智症導致無法自己做決定前，事先聯繫醫療或照護機構做好有效的準備，日子就這樣一天天過去了。

兩人的例子告訴我們，事實就是卽使能靠自己努力達到某種程度的「晚年準備」，卻因制度上的限制，導致最重要的「對病倒後的事預先做準備」無法完成，只能「到時候再說」地「過一天算一天」了。

靠自己無法做到的「聯繫」可靠NPO法人介入協助

不過，Y女士的狀況是，地區民生委員察覺她的擔憂，主動爲她介紹了NPO法人。透過專業社工師的協助，使Y女士得以接受政府制度上的支援，獲得對晚年生活的「安心感」。

Y女士　「有位我很信任的民生委員看到我擔憂的樣子，大概是覺得『這個人眞的很不安』吧，就主動介紹了他認識的社工師給我，讓我和NPO法人取得聯繫。簽約時我89歲，那時正是我對晚年生活愈來愈不安，心想總有一天要依賴這些機構的時候。」

開始接受支援後，Y女士的生活有了什麼樣的改變

Y女士患有髖股關節炎，被醫生說「要是放著不管，以後會臥床不起，無法行動」，建議她動手術，但Y女士對住院有很大的不安，長年來只能強忍疼痛。幸好專業的醫師與社工師都察覺到Y女士內心的不安，協助她下定決心安

排住院動手術。最大的原因是疼痛愈來愈劇烈，最喜歡站在廚房烹飪的Y女士快要連這都辦不到了，一籌莫展之際終於下定決心。

做任何事都小心謹慎，比一般人更容易焦慮不安的Y女士，如果只是繼續「過一天算一天」，將可能陷入「臥床不起」的風險，幸好在接受手術後躲過了這個危機，生活品質也大幅改善。幫助她達到這個成果的，正可說是來自專業人士（醫師、社工師）的支援。

讓我們來看看Y女士對外建立的社會人際關係及從中獲得的支援力量，在她住院動手術前後產生了哪些變化。比較【圖6】與【圖7】，可看到很大的改變。

首先，如【圖7】中所見，Y女士接受社工師及代書的支援，與NPO法人簽訂本人同意監護契約，同時締結委任事務契約，再利用公證憑證服務，不但完成遺囑和拒絕延命治療確認書，還完成了醫療契約、住院契約、照護契約和社服利用契約，在專業人士的協助下，完成光靠自己一個人無法達成的這些事，並與地區整體支援中心聯繫上，申請了照護管理員，之後就可以利用照護保險申請及在宅支援等服務了。

【圖6】Y女士手術（住院）前的狀況

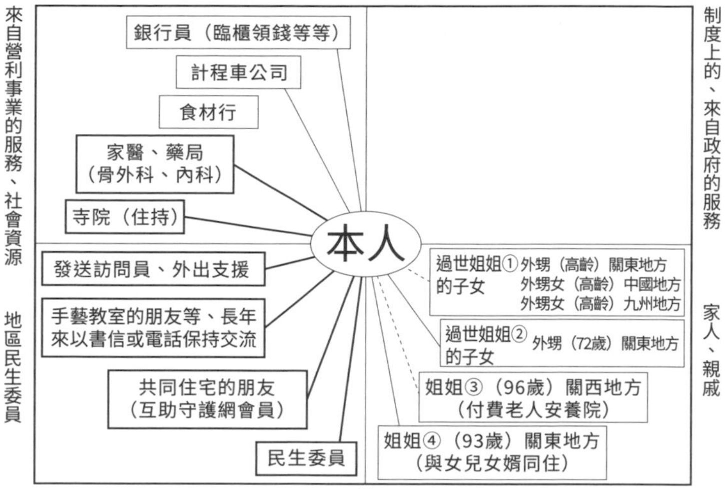

【圖7】Y女士手術（出院）後的狀況＝現在（從【圖6】追加的內容）

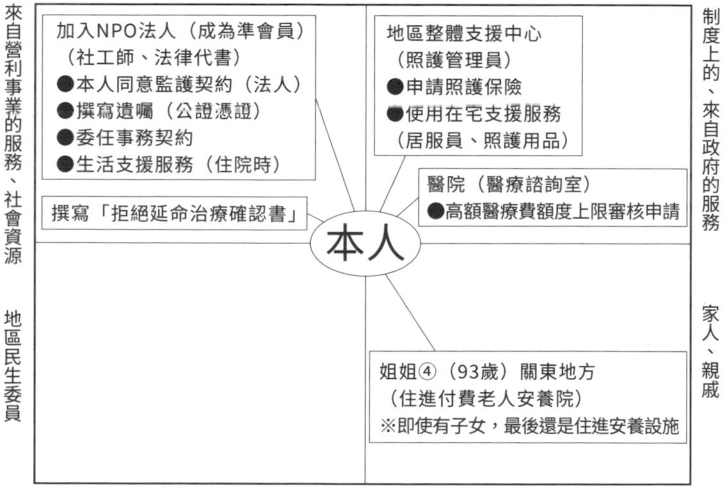

※為Y女士引介官方制度的角色：民生委員→專業社工師

夾在不安與自尊心之間

我在Y女士住院前與出院後各去採訪了她1次，每次都有負責的支援窗口陪同。第2次採訪時，Y女士與支援窗口之間的對話非常有意思，支援者給了Y女士兩個建議，她對這兩個建議卻呈現出大相逕庭的反應。

首先是第一個建議。

支援者「Y女士您現在還很硬朗，也能把自己過去的病歷清楚說給醫生聽，但是，等到沒辦法好好表達時，有沒有人能幫妳把病歷轉達給醫生呢？沒有對吧。所以，建議您應該把過往看診的紀錄等病歷寫下來。」

Y女士「只要去醫院就有我的病歷了啊，醫生那邊，內科和骨外科都有吧。」

支援者「不是啦，醫院裡雖然有，但有些事只在您自己腦袋裡吧？所以，爲了在萬一您病倒時，我或民生委員可以跟醫院說明您的狀況，留下紙本紀錄應該比較好。」

聽了支援者這樣的建議，Y女士立刻積極地探出身子問：「那該怎麼寫下來比較好呢？」

然而，對支援者的第二個建議，她卻表現出抗拒的態度。

支援者「Y女士，現在您緊急時使用的聯絡工具只有家用電話的子機對吧。有個連接指揮中心的緊急通報系統，平常像項鍊一樣掛在脖子上，也可以放在家裡就好。只要緊急時您一呼救，指揮中心就會回應您，幫您叫支援的人過來。還是說，Y女士您覺得現在只要有家用電話就夠了？」

Y女士「我認爲自己還沒有那麼不中用，因爲現在還什麼都能自己來啊。你這樣講，我會想說我有那麼不中用嗎？明明還很有活力，什麼都能做，睡得很好，吃什麼都覺得很好吃。關於病倒之後怎麼辦之類的事，我現在還不想去思考。至少目前我每天都很小心謹慎地過日子。」

聽了她的回答，我不由得心想，積極做了許多晚年準備的Y女士，爲什麼對緊急通報機器這麼抗拒呢。這時，我想起本書第二章中，引用瀨戶內寂聽女士提到「在臥病在床導致日常生活中斷，不得不接受他人照護之前，從來沒想過『自己已經上了年紀』」的事。Y女士也一樣，手術後可以暫時接受別人照料，卻不希望這種生活方式淪爲常態，對此抱持強烈抗拒感。或許是因爲，她認爲那樣的生活代表「自己已經不中用了」，聽到別人這麼說時，也會傷害到她的自尊心。

連做了許多準備的Y女士尚且如此，在「頑固獨居者」話題中被衆人視爲問題的那些人，想必更難自己上醫院接受治療或尋求別人的支援，他們只能繼續「過一天算一天」直到「事到臨頭」的那一天，這大概就是目前的現狀。

關於醫療，家人能做的9件事——無人照護長壽者的危機

到目前爲止，前一章和本章介紹了現代高齡者「對晚年的準備」及「對死亡的準備」實際的狀況。前面我也說過許多次，現代人愈來愈必須靠自己做好

晚年準備與死亡準備，這是因爲日本社會獨居高齡者或相依爲命的高齡夫妻日益增加，在這樣的趨勢下，將有愈來愈多人進入最晚年期時失去照料自己生活的家人，也會有愈來愈多高齡者在無人送終的情形下死去。

這也是因爲活得愈長壽，「子女比自己先離世」的風險就愈大，靠自己做好晚年及死亡準備的必要性隨之提高。前面也提到過，光是我訪談的活力長壽者中，就有好幾位歷經了子女先離世的狀況。

法律學家唄孝一先生就針對「當家中有人罹患疾病時，家族其他成員在醫療相關事項上能扮演何種角色」舉出以下9點。

1.聯絡醫療機構的角色
2.站在醫生與病患之間，擔任聯繫及傳遞資訊的角色
3.做出醫療決斷的角色
4.看護的角色

5.照護的角色
6.負擔醫藥費的角色
7.康復後接回患者的角色（此點以康復爲前提，但並非每次都能康復）
8.提出中止治療決定的角色

9.遺族的角色↓遺體保管者的角色
- 主持葬禮的角色
- 捐贈遺體器官的角色
- 爲死別而哀傷的角色

（唄孝一〈家族與醫療・序說〉唄孝一、石川稔編《家族與醫療》弘文堂，1995年，第10頁）

這本書出版於1995年，當時日本尚未展開照護保險制度，高齡者病倒時，只能依靠家人照料。因此，當年讀到本書中這9個項目時，只會理解爲

「家人的機能」。

然而，看在現在的我眼中，深切感受到這9個項目都是與「晚年準備」及「後事準備」相關的具體事項。由此可見這幾10年來日本社會的變化之大。

以上9點中，一人獨居的X女士、Y女士在自己還有精神體力時完成了哪些準備呢？

自己負擔照護及看護、葬儀有關的「費用」，以寫「拒絕延命治療確認書」的方式達成「提出中止治療決定」，此外，X女士也與外甥夫妻一起前往葬儀社預約，完成「主持葬禮」的委託。

Y女士在社工師建議下以書面方式留下過往病歷的舉動，對「站在醫生與病患之間，擔任聯繫及傳遞資訊」這項的幫助很大。如果她願意設置緊急通報系統，或許也能達到「聯絡醫療機構」的效果。

希望住進安養設施的X女士若住的是附帶照護服務的高齡者安養設施，或許可一次發揮「聯絡醫療機構」、確保「看護者」及「照護者」以及「康復後接回患者」幾個角色的機能。

然而，對希望「繼續住現在住的地方」的Y女士來說，要是身邊沒有關心她的民生委員，無法和NPO法人建立關係，晚年的情況就很難說了。孤獨死的風險可能會比現在提高許多。

話雖如此，現今日本社會中，已進入長壽期的高齡獨居者或相依為命的高齡夫妻中，有多少人能遇到關心自己的民生委員，有多少人能與值得信賴的NPO法人或長照企業建立關係，獲得支援與服務呢。此外，擁有這類NPO法人或長照企業的地區又有多少呢。如果都市規模不夠大，很可能根本沒有這些機構，就算有，在宛如雨後春筍般紛紛成立的長照服務業者中，肯定也包括不可信賴的不良業者。

這麼一來，因為不知該信賴哪間業者才好，到最後沒有和任何機構建立關係的長壽者，只好受限於制度「過一天算一天」，直到「事到臨頭」的那天到來，這樣的長壽者將愈來愈多。過去或許還可將「由家人照護高齡者」視為理所當然，但是現在身邊沒有能依靠的家人，高齡者本身又沒有做任何準備的話，晚年陷入危機的風險就很高了。活得愈是長壽，風險愈高，這就是日本高齡社會的現狀。

（2）需要什麼樣的制度

「過一天算一天」的背後，存在制度上的問題

還是要再說一次，我之所以開始訪談活力長壽者及積極過生活的高齡者，背後其實有兩個引起我關注的問題。

根據各種對高齡者想法展開的調查結果顯示，高齡者在回答「對日常生活的不安」時，無論哪份調查中，對「健康與疾病」和「需要照護狀態」的不安都佔了極大比例。

舉例來說，「獨居高齡者相關意識調查」的結果便指出，「對日常生活的不安」中排名前幾名的，就包括佔58．9％的「關於健康與疾病」，以及佔42．6％的「陷入臥床不起或身體無法自由行動等需要他人照護的狀態」，和「對自然災害的不安」（29．1％）或「對生活所需收入的不安」（18．2％）等問題相比，對「健康與疾病」和「需要照護狀態」的不安的比例可說是非常高【圖8】。

【圖8】高齡者對日常生活的不安

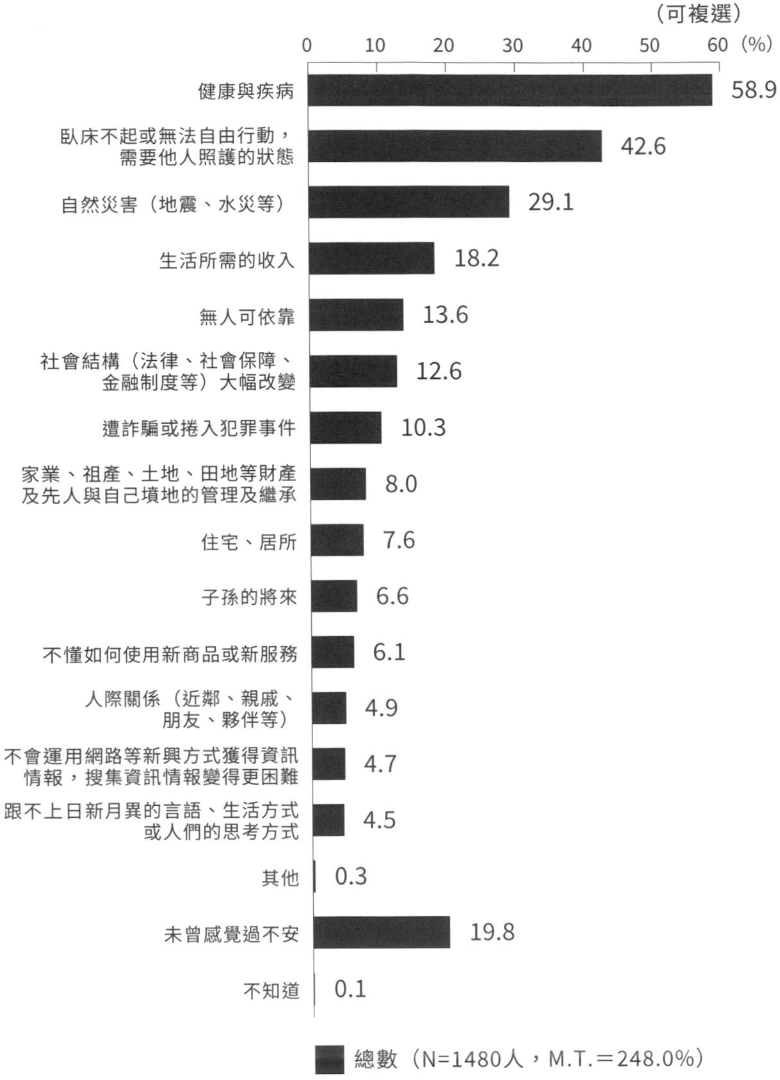

【出處】平成26年度獨居高齡者相關意識調查結果（內閣府）

儘管如此，卻常在支援第一線聽到工作人員說「過一天算一天的高齡者很多」，事實上，我在訪談時提出「若病倒了有什麼打算」的問題時，回答「只能走一步算一步」、「總會有人幫忙想辦法」的人確實非常多。

高齡者們這乍看之下似乎正相反的兩種反應，使我開始思考「爲什麼明明很多高齡者對健康問題和照護問題抱持強烈不安，同時卻也有很多高齡者只是『過一天算一天』呢？如果眞的那麼不安，爲了降低自己晚年的風險，應該會想提早做些準備才對啊」。這就是我關注的第一個問題。

另一個問題是，「儘管有不少支援者表示『如果是無能爲力的人也沒辦法，希望有能力的人至少能自己做點準備』，然而，『到底高齡者該趁還有精神體力時做哪些準備呢？』」。

由於我開始關心起這兩個問題，後來才會尋找不用擔心經濟問題的「活力長壽者」和積極生活的高齡者們訪談。

結果我發現，造成「過一天算一天」態度的，並非高齡者本身的生活方式出了差錯，反而是制度上有很大的問題。

首先，我們已經看過X女士的案例，知道她絕對不是抱著「過一天算一天」的態度過日子，也儘可能想靠自己的力量做好「晚年準備」和「後事準備」。造成後來X女士仍不得不過一天算一天的原因之一，其實是照護保險制度上出了問題。

想使用照護保險，必須要由具備「自主選擇」及「自主決定」能力的高齡者本人完成申請手續及簽約，保險才能成立生效。問題是，申請手續及簽約的資格卻必須是高齡者「已因疾病或受傷臥床，需要接受照護服務」的時候。在這樣的現行制度下，照護管理員無法發揮外展（outreach）服務的作用，幫不到需要接受照護服務卻尚未有資格申請照護保險的高齡者。

既然如此，也難怪當我提出「若病倒了有什麼打算」的問題時，高齡者們只能回答「過一天算一天」了。

再看長年強忍髖股關節炎疼痛的Y女士案例，像她這樣「藉由按表操課的日常生活習慣維持活力」的長壽者，多半很排斥生活產生變化。加上近年來照護、醫療制度不斷翻新，高齡者們跟不上這方面的知識，很多人連照護保險的契約手續都不知道該怎麼辦理。

長壽化的進展造成獨居高齡者及相依爲命的高齡夫妻愈來愈多，也突顯出「過一天算一天」的高齡者在進入「年老體衰期」，日常生活出現障礙時無人介入支援的問題日益嚴重。

站在維護長壽者權益的觀點，雖然現行已有成年監護人制度，但那只限於支援失去自主決定能力的人，內容也以財產管理爲主，對保險、醫療服務的支援極爲受限。可是，政府大力推動「從安養院回自宅養老」，在這樣的趨勢下，今後「於自宅度過年老體衰期」的高齡者數量將會不斷增加。

聯繫支援的制度與信賴度的保障

在這樣的狀況中，政府應該在制度上實施哪些措施呢。

關於前者（照護保險制度上的問題），厚生勞動省今年（2018年）打出了將原本分別進行的保險事業和照護預防合爲一體的方針。具體描述如下：

①請保健師定期探訪具有預防照護作用的地區沙龍等「高齡者交流場所」
②實施保健指導與健康諮詢
③將在這裡得到的資訊分享給高齡者的專屬家醫
④專屬家醫可根據這些諮詢敦促高齡者就醫

這個新方針的目的，是爲了提早發現與治療處於「年老體衰期」臥床風險高的高齡者。只要採用這個做法，即使是「過一天算一天」的高齡者也能成爲支援的對象。

然而，根據厚生勞動省的報告，會前往這類以地方居民爲主體的「高齡者交流場所」者，以2016年的數據來說，僅佔高齡人口的4.2%，可說是極爲少數。也因爲這樣，沒有這類管道建立對外聯繫的人要由誰提供支援，仍然是今後有待解決的問題。

不只如此，除了這類措施之外，另一個更需要儘快解決的，是後者的「提供身分保證等服務的高齡者支援機構良莠不齊，國家如何保障這類機構的信用度」問題。

內閣府消費者委員會在「身分保證等高齡者支援機構之消費者相關問題調查報告」中指出現狀與現行制度不夠周全之處：

「目前，日常生活自立支援機構及成年監護制度的部分已有第三者檢驗的機制，相較之下，身分保證等高齡者支援機構則未有合法保障力，坊間同類型機構之營運未必完全適當。」

因此，

「消費者廳及厚生勞動省必須與相關行政機關合作……研擬讓消費者能放心使用身分保證等高齡者服務的必要措施。

爲了研擬這些必要措施，需要考慮的有以下內容：

①契約內容（解約時的規則等）是否合理，費用設定是否明確（契約範本之有無等等）

②預繳金之保全措施

③建立由第三者確認契約內容履行與否之機制

④建立使用者可投訴之管道與運用投訴內容改善之機制」

調查報告中提出了這些必須進一步審視的部分（引用自消費者委員會《身分保證等高齡者支援機構之消費者相關問題調查報告》2017年）。

只要這些問題獲得改善，愈來愈多具備一定程度經濟能力的人就能與法人或企業簽訂契約，以備不時之需。

前面提到過我參加的「獨居者咖啡聚會」其中一名成員，某天帶著無奈的語氣說：「不知道哪家業者才能放心信任，所以我不去想將來的事，也不煩惱這麼多了。我決定『過一天算一天』，及時行樂就好，這樣比較輕鬆！」

然而，我知道她向來積極搜集資訊，一直想找到一間值得信賴的NPO法人或高齡者支援機構，爲此費了不少工夫。因此，儘管這番話表面上聽起來不負責任，我聽了之後內心卻很沉重。

找不到有效方法減輕自己對明日的不安時，人就會陷入絕望。她之所以說這樣的話，爲的只是不讓自己陷入絕望，只好強迫自己不去想明天的事，「過一天算一天」，讓自己至少心情輕鬆一點。我從她的話語中，解讀出如此深刻的絕望感。

即使是像她這樣想趁自己還有精神體力時積極準備的人，都被迫陷入「過一天算一天」的無奈狀況。想要打破這種窘境，當務之急是國家制定保障法人和企業信賴度的機制。

推動「對晚年的準備」與「對死後的準備」的兩大社會課題

前面我們已經看了從年輕時就開始做「晚年準備」與「後事準備」的獨居高齡者X女士和Y女士的例子。

從她們的例子中得到的結論是什麼？那就是，無論多積極準備，個人的努力都有其限度。而這個限度，又和國家的制度息息相關。

同時，在此我也看到了兩個制度上必須解決的課題。

首先，當體力衰退，處理日常事務能力也衰退的長壽者愈來愈多時，在獨居者或相依爲命的老夫妻等無法靠自己取得外界支援的人們面臨危機前，必須打造出讓他們順利接受醫療或放心接受照護的機制。

另一個課題是，爲了讓身邊沒有近親守護也沒有人爲自己維護權益的長壽者在還有能力自主決定時，能夠放心選擇值得信賴的對象，將未來病倒後的自己委託給對方，政府必須確立一套機制，藉以保障協助高齡者生活與守護高齡者權利的機構信賴度。

今後將朝愈來愈長壽的社會邁進，晚年期沒有家人守護的長壽者也將不斷增加，在這樣的社會中，政府必須儘快解決上述兩項制度上的課題。

X女士與Y女士「爲晚年做準備」時受到的侷限不再是個人的問題，也可說已發展爲現行制度受限的問題了。

《終章》

長壽時代最好的「活法」

（1）可預見之「長壽期高齡者家庭」型態與從調查結果中看見的「有備無患觀念」

「老年家庭」的形式——到了2035年會變怎樣？

X女士與Y女士都沒有結婚，也很早就開始思考及準備晚年生活及後事。看在這麼過了一輩子的兩人眼中，已婚有丈夫子女的同世代女性們的生活方式，似乎就是「一遇到什麼事就問孩子的爸怎麼辦，無法自主決定，也沒有做決定的能力」，又或者是「根本沒想過自己晚年想過怎樣的生活」。

然而，不只已婚女性，男性也一樣，現在是超過80歲的長壽期「獨居老人」或「相依爲命老夫妻」必須下定決心做好準備的時代。這就是現代日本。

長壽化與同一時期產生的家庭結構變化，可說是這個時代的背景。

首先看長壽化的方面，前面也提到過，日本人的平均壽命在1990年時是男性75．92歲，女性81．9歲。這個數字到了2017年增加爲男性81．09歲，女性87．26歲。再往後預測，等到整個團塊世代都來到85歲後的

2023年，日本人的平均壽命將提高爲男性82．39歲，女性88．9歲。

除了平均壽命外，目前死亡人數最多的年齡爲男性87歲，女性92歲，不過，在長壽化的社會中，活過平均壽命來到90多、100多歲的人肯定會大幅增加。

另一方面，家庭結構的變化又是如何？和從前相比，現代高齡者到了需要他人照護時，接受照護的對象也出現很大的變化。先看接受家人照護的高齡者各種比例的變化，「接受同住家人照護者」從2001年的71．1％，到2010年已減少爲64．1％，2016年更減少至58．7％，取而代之的是改由「沒有住在一起的家人」或「照護服務業者」擔任照護的工作。在這段期間中，過去被視爲照護者主流的「子女之配偶（幾乎等同於『兒媳』）」比例從22．5％減少到15．2％，再減少到9.2％，幾乎減少了一半（出自「國民生活基礎調查」結果）。由此可知，現在已不再是與兒子一家同住並由「媳婦」照護丈夫雙親的時代了。

可預見的是，這種家庭結構的變化將以很快的速度擴大進展。

以國立社會保障．人口問題研究所小山泰代比較2010年和2035

年的「高齡者居住狀況之未來推測——結果概要」爲基礎，讓我們來看看80多歲高齡者家庭狀況未來的演變吧。

2010年與2035年的80多歲世代，正好是團塊世代父母的80多歲與自己的80多歲，現年70多歲的人們或許可從這份報告資料中獲得自己未來生活的參考線索。

比較2010年的80多歲世代與2035年的80多歲世代，首先看男性的狀況，80多歲「與子女同住」的比例減少，85歲以上「只有夫妻同住」比例則增加。女性的部分，「與子女同住」比例減少，80多歲「只有夫妻同住」的比例大幅增加，但85歲以上「一人獨居」也增加了不少【圖9】。

這表示，除了不與子女同住的高齡者持續增加外，過去較少見的「85歲以上長壽期夫妻」及「丈夫過世後獨居的85歲以上高齡女性」今後預料將會大幅增加。

更進一步地，報告中也推算了「與子女世代的居住關係」，分成「住進安養設施」、「子女未同住也不住在附近」、「子女住在附近」和「與子女同住」四個

【圖9】不同性別，不同年齡層之家族類型比例（全國2010年、2035年）

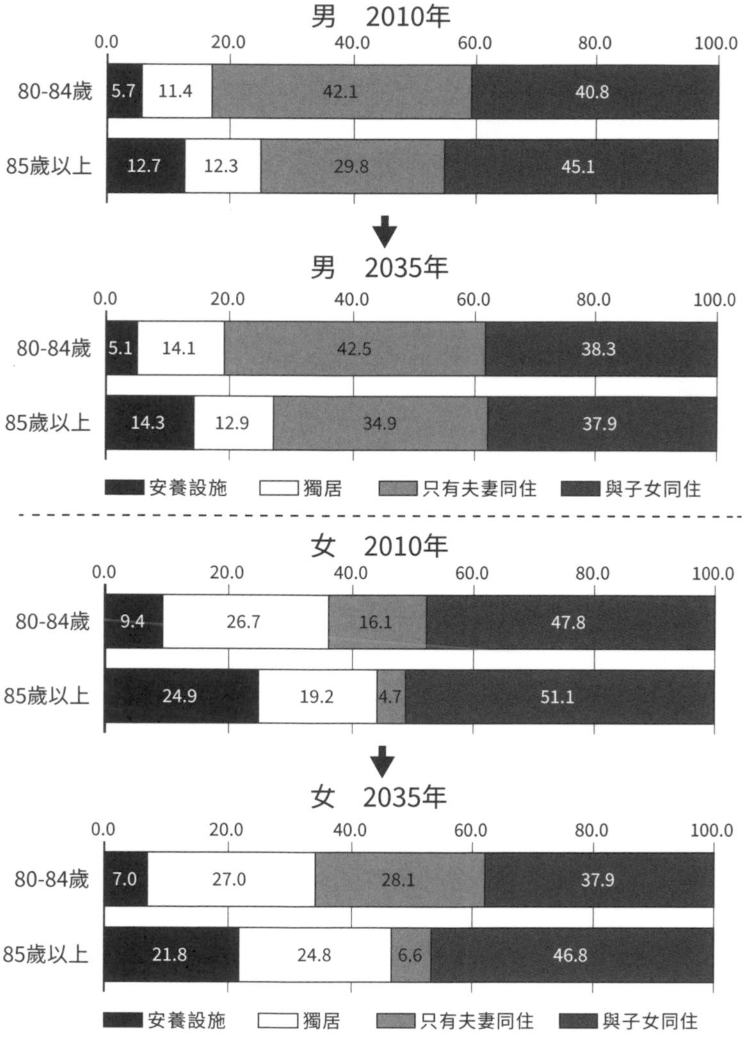

【出處】小山泰代「高齡者居住狀況之未來推測——結果概要」（2017年3月推算）（國立社會保障・人口問題研究所）從「80歲以上資料」引用製表

類別來預測未來狀況，從這份預測中可看到，從２０１０～２０３５年，男女在80歲以上「與子女同住」的比例將大幅降低，「子女住在附近」的比例也會小幅減少，同時，「子女未同住也不住在附近」的比例則是大幅增加【圖10】。

這兩項對未來的預測顯示出，當全體團塊世代都步入80歲後的２０３５年，相依為命的長壽期夫妻或獨居長壽者（且子女沒有住在附近）不但比現在更多，還預計將攀升到相當龐大的數量。

這樣的預測也指出未來將多出許多必須照顧失智症或病倒妻子的長壽期丈夫，此外，長壽期女性獨居病倒又無人支援的風險也可能更高。

從這樣的家庭結構演變方向來思考，比起現在超過85歲的長壽者，目前70多歲的高齡者或許將面臨更為嚴苛的晚年期。

高齡者真的毫無準備嗎？

那麼，在預測將如此變化的未來，如果那些已婚有配偶的人依然像X女

【圖10】不同性別，不同年齡層之「是否有子女同住或住在附近」之比例（全國2010年、2035年）

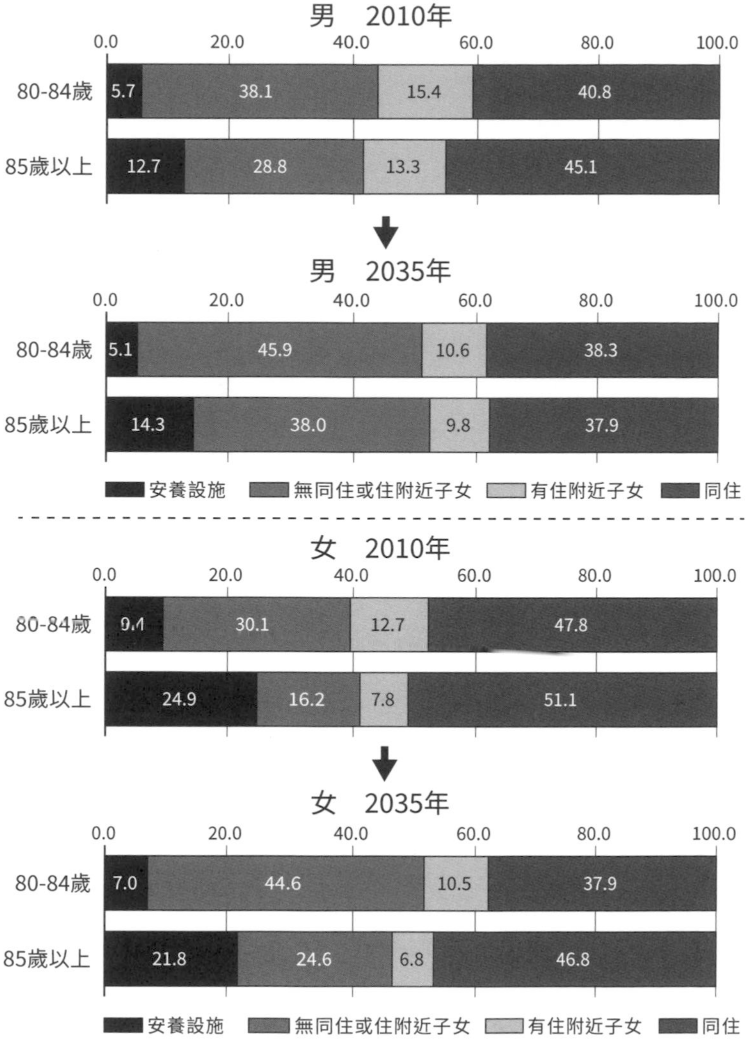

【出處】小山泰代「高齡者居住狀況之未來推測——結果概要」（2017年3月推算）（國立社會保障・人口問題研究所）從「80歲以上資料」引用製表

士、Y女士說的「根本沒想過自己晚年想過哪種生活」或「無法自己決定，也沒有能力決定」，會變得怎麼樣呢？

在毫無準備的狀況下活到了長壽期，又在毫無準備的狀況下面臨長壽期特有且難以解決的困難問題，這時若配偶已不在，子女又不住身邊，無人可商量的獨居者肯定會陷入混亂，束手無策吧。不只如此，在沒有心理準備下受傷或罹患意料之外的疾病時，無法繼續住在家裡的風險也會提高。

然而，難道眞的如X女士、Y女士所說，大多數高齡者從來不爲自己老後需要人照顧時做任何準備嗎。

關於這點，我也在第四章稍微提過。分析工作坊「『人生百年』幸福生活計畫」參加者對此一主題自由寫下的內容，發現大多數超過75歲的參加者儘管已預測自己活到80多歲時「日常生活能力會衰退」，卻很少人提到自己做了哪些具體準備。

只是，工作坊做的是質化研究，也沒有明確的例證。因此，以下想再看看關於這個論點的量化研究調查結果。

首先，針對此一主題，由於國家近年來幾乎沒有實施官方調查，目前只能看稍微舊一點的資料。這是2003年實施的「與高齡者照護相關之民意調查」（內閣府）的結果。

這份調查中，舉出了幾項為高齡者照護做的準備，針對這些項目，對受訪者提出「是否已為將來需要照護時做了準備」的問題。

以下是在這個問題中回答「有」的「70歲以上」高齡者（男性294人，女性292人）的比例。

- 「儲蓄等經濟層面的準備」……男性27．9%，女性22．6%
- 「搜集關於照護服務的資訊」……男性12．2%，女性13．7%
- 「加入民間照護保險」……男性11．2%，女性7.9%
- 「拜託家人照護」……男性20．4%，女性15．8%
- 「改住符合高齡者需要的出租住宅或付費安養院」……男性8.8%，女性

6.2%

・「將自宅改建爲方便接受照護的住宅」……男性6.8%，女性6.8%

・「搬到子女或親戚家住」……男性1.7%，女性2.4%

・「沒有特別做什麼準備」……男性36.4%，女性44.5%

這份調查結果顯示，無論男女，在「儲蓄等經濟層面的準備」的比例都是20%多，相較之下，其他項目（除了男性的「拜託家人照護」外）都不到20%。而在所有項目中佔比最高的是「沒有特別做什麼準備」，有四成的女性和三成的男性做了這個回答。由此可見，即使是已超過70歲的高齡者，沒有爲將來需要照護時做任何準備的人，依然佔壓倒性的多數。

子女世代也認為「父母都沒有做準備」

接著再看上面那份調查的10年後，第一生命經濟研究所北村安樹子的另一份調查結果。

調查對象爲父母超過65歲且「父母目前或過去在自宅獨居」的40～69歲子女，男女合計495位。調查中請他們回答關於「父母對照護做了哪些準備」的問題，答案爲「有」的比例。

結果如下。

・「準備照護所需費用（存錢或保險等）」……47．5％
・「積極與地方上的人及近鄰保持交流」……44．8％
・「思考如何籌措照護所需費用」……38％
・「思考自己希望接受誰的照護」……36．6％
・「做好自己可能需要照護的心理準備」……32．7％
・「思考自己死後房子和財產怎麼處置」……32．1％
・「搜集公家單位的照護保險制度相關資訊」……29．7％

．「思考自己希望在哪裡接受照護」……29．3％
．「爲了接受在宅照護而改建或重新整修自宅」……27．5％
．「搜集關於老人安養院或照護住宅相關資訊」……22．5％

（北村安樹子〈父母對自身接受照護所做的準備〉《LIFE DESIGN REPORT AUTUMN》2015）

從這份調查結果看來，與「金錢」有關的部分，確實有將近半數的人做了準備。然而，對其他項目（除了「積極與地方上的人及近鄰保持交流」）做準備的比例卻沒有太大成長，距離前述內閣府的調查明明已過了10年，依然停留在三成左右，看不出這10年來高齡者的觀念有太大改變。

這份調查另外還針對「父母本身有無表示對照護的看法」提出幾個問題，例如「獨居前有無將以下事項告知子女」的提問下，「有提出想在哪裡接受照護」的父母比例爲7.3％，「有提出想接受誰照護」的父母比例爲7.9％，「有告知子女自己如何籌措照護所需經費」的父母比例爲8.7%，「有告知子女自己死後住宅及財產該如何處置」的父母比例爲7.1%。幾乎每一項佔的比例都不到一成。

第三章中介紹過的那些負責照護90多歲父母或長輩的女性都說「眞希望長輩們能在還有精神體力時，將自己病倒後想要怎樣的照護方式說清楚」。然而，高齡者似乎普遍都有這種「不說清楚自己想法」的傾向。

（2）「昭和時期出生高齡者」對進入長壽期的準備問題，是歷史上的「大問題」

照顧了父母的晚年，但「輪到自己時怎麼辦？」的不安

Z女士「我們夫妻倆照護了彼此的父母，包括照護我那得了失智症的母親到她

95歲，也照護了我婆婆到93歲。我們用傳統的方式盡了孝道，照顧長輩到臨終，現在更大的問題是我們膝下無子，可是，就算對外子說『一起來想想接下來怎麼辦吧』他也只會說『先死先贏』，一點都不願思考晚年的事。今後該如何是好，變成我非思考不可的問題，真是傷腦筋。光是要想請誰來負責照護我們都很難。」

Q女士　「家母過去從來沒思考過自己病倒後的事，她總是說『船到橋頭自然直』，絲毫不懷疑我會幫她想好辦法。」

春日　「現在輪到您煩惱自己晚年該怎麼辦了。」

Q女士　「但我不認爲女兒或媳婦照顧我是天經地義的事。別的不說，女兒們大概沒有能力照護我，她們做的不是正式工作（約聘），我反而要先替她們煩惱將來怎麼辦呢。我也不打算請媳婦照護，畢竟她有她自己的父母，總不能蠟燭兩頭燒，那樣太可憐了，我一點也不認爲兒媳就非得照顧婆婆不可。

只是啊，我到現在仍無法想像自己腰腿衰弱，站不起來，非要人照護不可的樣子，更無法實際思考『到時候該怎麼辦』。雖然看過別人晚年的樣子，輪到自己時還眞沒個頭緒。」

Z女士75歲左右，至今已照護了丈夫90多歲的母親和自己的母親，直到兩位老人家離世。Q女士則照顧了罹患失智症的嬸嬸，也是照顧到她離世，現在還繼續照護住在一起的99歲母親。身爲團塊世代的70歲Q女士這10年的光陰都奉獻在照顧兩位長輩上了（第三章曾介紹過她）。

Z女士和Q女士的共通點是「以傳統方式盡了孝道」，同時也都煩惱「等到自己倒下時該怎麼辦」，懷抱對將來的不安。

爲何許多高齡者明明對未來懷抱強烈不安，卻又「過一天算一天」，不做任何準備呢？對我來說，這是個非常大的疑問。從至今做的訪談中，我也歸納出原因之一，可能是受到否定年老，強調成長、年輕與自立的「今天活跳跳、明天死翹翹」觀念以及與「終身不退休」相通的「安享天年（成功老化）」觀念影響，出於對這兩種狀態的期盼，人們才不去爲晚年做任何準備，寧可過一天算一天了吧。

此外，從第六章介紹的終身單身的Y女士案例中，我們也看到身旁無近親可依靠的單身長壽者在「身分保證」上遇到的難題。受到現行制度的限制，「想準備也無從準備起」或許可說是高齡者不對晚年預做準備的另一個原因。

就算有子女仍「過一天算一天」的背景成因

然而，許多已婚有子女的高齡者，儘管沒有特別積極經營生活，也不缺身分保證人，卻依然過著「過一天算一天」的日子。我想，這背後的原因一定不只受到「今天活跳跳、明天死翹翹」的觀念影響，與制度上的問題大概也無關，應該還有其他因素才對。於是，我試著思考了幾個可能的成因。

①現在70～80多歲的昭和期出生高齡者，因爲兄弟姐妹人數多，除了與父母同住並負擔起照護責任的手足（多半是「繼承了家業」的那位手足）

外，其他兄弟姐妹沒有照護經驗，也就難以想像自己年老時的具體情況。

②現代人的日常生活鮮少與地方上其他居民互動，沒有機會接觸到長壽期的鄰居，自然無法想像長壽期的在宅生活是什麼情形。

③直到近年前，無法繼續維持自宅生活的人一般都住進了醫院或安養設施，大多數人身邊看不到在宅生活的高齡者脆弱危險的一面，也就難以想像自己老後會陷入同樣的危險。

以上三點，是我想到的原因。每一點都與昭和期出生高齡者缺乏某些人生經驗，難以想像「人都會老，年紀愈大就愈來愈失去活力，需要別人幫助，接受照護，慢慢老死」的事實有關。這種想像力的匱乏導致他們無法產生「有備無患」的觀念。

不過，比起多數昭和期出生高齡者人生經驗的不足，造成這種「缺乏未雨綢繆觀念」、「過一天算一天」生活方式的原因，根本上或許和昭和期出生高齡者世代產生的少子化現象及其帶來的人口變動、昭和期出生高齡者育兒方式造成的親子關係改變，以及90年代後期以來日本經濟變動、子女世代單身趨勢的加速……等社會變化有關。

使我察覺這一點的，是本章開頭提到的Z女士與Q女士說的話。

發生在昭和時期出生高齡者身上的事

Z女士與Q女士都不是積極經營生活的高齡者，也不是沒有結婚的單身者，更不是沒看過衰弱無力長壽者的人，非但如此，她們都有過10年以上照護長壽長輩的經驗。然而，Z女士和Q女士卻都對自己的晚年抱持「不知道該如何是好」、「無法想像自己實際上腰腿衰弱，無法靠自己站立時的模樣」。

儘管她們知道有事先做好準備的必要，依然沒有對晚年做任何準備。她們的沒有準備，和上一代「毫不懷疑子女會照護自己」的沒有準備大相逕庭。

爲什麼她們會如此無計可施呢？讓我們來看看背後具體的狀況是什麼。

Q女士所說的「不認為女兒有能力照護自己」和「媳婦也有她自己的父母，總不能蠟燭兩頭燒，那樣太可憐了」已清楚說明了其中一個原因。關於這點，讓我更具體地分析下去吧。

首先，目前70多、80多歲的昭和期出生高齡者與他們已成年之子女之間的親子關係，和他們與自己90多歲以上父母之間的親子關係大不相同。

身為90多歲長壽者的子女世代，這批不晚於團塊世代的昭和期出生高齡者，他們大多數人成年後從鄉村來到都市，找到正職工作，在「適婚年齡」結婚。如前所述，這一代人多半兄弟姐妹眾多，對他們而言，由「繼承家業」的手足肩負照護責任照顧老邁雙親是根深蒂固的觀念。

然而，昭和期出生高齡者的子女人數平均卻不超過三人。兄弟姐妹人數眾多的團塊世代女性「沒有兄弟」的比例是25．2%，相較之下，由「團塊子女世代」（1971～1974年生者）佔多數的1970～1974年生世代女性「沒有兄弟」的比例已高達42．4%。換句話說，必須肩負起照護老邁雙親責任的女性增加，同時需要照護丈夫雙親的女性更陷入「蠟燭兩頭燒，那樣太可憐了」的狀況。

此外，當昭和期出生者開始組織家庭時，社會急速步入少子化，少子化演變至今，即使已婚卻沒有子女的高齡者數量增加，也有調查報告指出「高齡無子戶口的比例，從２００１年的7.9％到２０１０年的15．7％，增加了8個百分點。２０１０年時無子戶口數約爲300萬戶，其中單身無子高齡者數估計約有145萬人」（中村二朗、菅原愼矢〈對同住率降低之誤解——無子高齡者的增加及照護問題〉《季刊社會保障研究》Vol. 51，No. ３、４，國立社會保障・人口問題研究所，２０１６年）。

除此之外，昭和期出生高齡者育兒期的家庭關係多半「以子女爲中心」、「以教育爲中心」，結果導致子女世代學歷提高，成年後不只在日本國內就職，更不乏移居海外者，如此一來高齡父母身邊失去近親子女的情況自然也隨之增加。

更有甚者，這個世代的子女成人後，進入就職期的１９９０年代正好遇到「全球化」這個世界規模的經濟變動，在這樣的世界趨勢中，愈來愈多子女只能找到非正職的工作或失業，未婚子女因此繼續與父母同住的情況也就不斷增加。像Q女士這樣「反而要先替她們煩惱將來怎麼辦」的父母更不在少數。

隨著這種狀況的擴大，即使是有子女的高齡者也無法或不願依靠子女照顧，或是像Z女士這樣有結婚但沒有生小孩的高齡者亦愈來愈多。

換句話說，在社會不斷朝長壽化演進的同時，昭和期出生高齡世代普遍「只生一個或兩個小孩」的生育方針造成革命性的歷史變化，然而高齡者們自己及舊有的家庭觀與現行制度卻都跟不上這樣的變化。

1990年代後半以來，伴隨著長壽化的演進，上述變化也在加速進行中，這導致制度與文化間出現了空白落差。也就是說，不只國家缺乏因應這種新興狀況的新制度新機制，高齡者自己在日常生活中也缺乏對應上述變化的具體方法，光靠舊有生活常識與文化習慣不足以應對，只能「過一天算一天」了。

我想，這或許就是高齡者對晚年不做準備的背後成因。

「今天活跳跳、明天死翹翹」觀念妨礙了「對長壽期該有的準備」

那麼，在這麼困難的時代中，我們該創造什麼新的做法呢。

長壽化已是可預料的趨勢，在這樣的現代，讓我們將問題縮小爲本書主題「還有活力，也保有自主決定能力的高齡者在面對可預期的『年老體衰期』時，該做什麼準備才好」，只朝這個方向思考看看吧。

國家對此並非袖手旁觀，政府其實也已實施了各種措施。

其中一個與本書主題直接相關的例子，就是在「因應人生百年時代，爲了延長健康壽命，必須重視高齡者對疾病的預防及健康的維持」前提下，實施了與「延長健康壽命」相關的各項措施。

被視爲目標的「『延長健康壽命』是健康日本21（第二次）計畫方針的中心課題，也是不可或缺的指標。……只要縮短平均壽命與健康壽命的落差，就能預防個人生活品質的低落，也能期待藉此減輕社會保障的負擔」（「厚生勞動白皮書」２０１４年），以這樣的形式在地域支援事業中加入相關措施，例如舉辦由各地居民自己負擔費用的「地區交流會」、宣導營養・飲食生活、口腔照護、生活習慣病等健康教育及照護預防知識、開辦體操教室……等等。

我當然也認同高齡者應該趁身體還硬朗時從事這些增進健康的活動，多多參加地方上的活動，最好還能在團體中負責某些職務，因爲與地方上社區、近鄰的交流也可說是一種重要的晚年準備，具有增進長壽期健康及彌補家庭力量不足的作用。未來家庭發揮的力量將愈來愈薄弱，這麼做就像是將家庭往外拓寬，與自宅徒步15分鐘圈內的近鄰保持交流，對步行能力衰退的長壽期來說，確實是一項重要的準備。我採訪過的許多「活力長壽者」也很重視營養均衡的飲食生活，以散步等運動爲日課，在與地方人士的交流中負起領導責任經驗的也不少。

然而，我擔心的是，推動這些措施的順序是「國家」→「宣導、推廣單位」→「地方居民」，以這個順序普及的過程中，國家當初擬定的目標可能會漸漸走樣，反而阻礙了每位居民自發性爲長壽期打基礎的準備工作。

說得更詳細一點，這些措施的目標原本應該是「延長健康壽命」，但是，在宣導單位對參加民眾說明這個目標時，往往會使用民眾容易接受的「今天活跳跳、明天死翹翹」或「終身不退休」等說詞來說明「延長健康壽命」的意思。

到最後，目標就在不知不覺中變成了「今天活跳跳、明天死翹翹」或「終身不退休」了。這樣的例子我親眼看過許多。

將「延長健康壽命」、「今天活跳跳、明天死翹翹」與「終身不退休」三個關鍵字打上網路搜尋，就會發現「今天活跳跳、明天死翹翹」和「終身不退休」經常被用來當成「延長平均壽命」的同義詞，可見在各地推廣時的這種謬誤有多普遍。

舉個實際的例子，我在網路上看到的某「高齡者健康講座」活動傳單內容，上面寫著「講座舉行目的是推廣『今天活跳跳、明天死翹翹』觀念，延長健康壽命」，以及「目標是追求今天活跳跳、明天死翹翹——終身不退休。為了達到此一目標，現在正在做的事情要一直持續做下去，不要讓自己成為無所事事的老人。即使是高齡者，也該有自己的社會職責……」等等。

然而，從前面引用的內容即可得知，政府當初推廣的目標只是「延長健康壽命」，為的是「預防個人生活品質低落」、「達到減輕社會保障的目的」。換句話說，為了讓老年人即使進入腰腿無力的長壽期也不要整天躺臥在床，一方面要承認自己上了年紀，身體已不如昔日強壯，但是仍維持住在家中過日常生活的「活力」，這才是當初推廣的目的，而不是一味地以「今天活跳跳、明天死翹翹」爲目標。

問題是，在推廣傳播的過程中，目標從原本的社會現象「縮短平均壽命與健康壽命的落差」，被廣泛地以個人現象「今天活跳跳、明天死翹翹」取代，性質也漸漸被等同於「安享天年（成功老化）」了。

但是我們也知道，所謂「安享天年（成功老化）」的生活方式，其實會妨礙人們對年老體衰長壽期預做準備，這點在第四章中已經說明過了。

給「人生最後的活法」的建議——分享「與衰老病弱共生的方法」

再者，政府推動的增進健康、強化與地方人士之交流等爲長壽期生活所做的準備確實有其重要性，這一點毋庸置疑，但另一個令人擔憂的地方是，只顧「維持健康」卻忘了宣導「長壽期如何生活」。換句話說，關於生活智慧的涵養，或將範圍再擴大一點來說，關於「人生最後的活法」並未受到重視。

序章也曾提到，所謂「活力」，一是指「身體健康」，另一層意思則是「有進行各種活動的毅力」。此外，當我們提到終身學習（Lifelong Learning）時，這裡的「Life」也包含了人生、生命與生涯等各種意義。在維持「生命」追求健康的過程中，也必須一起維持「人生」與維持「生活」。

因此，政府實施的政策不可只有「增進．維持健康」，尤其是在高齡者多半患有多種病痛的狀況下，長壽期的生活如何維持、如何「與疾病共存」，這類知識不但需要在增進健康的場合推廣，在生涯學習的場合也應該提供。

這是因爲，在沒有家人照顧保護下，獨居長壽者或相依爲命老夫妻必須「與疾病共存」地度過80歲以上長壽期，這是前人未有的生命經驗，而日本社會正率先走在這條道路上，卻還來不及累積足以度過這個生命期的生活智慧。

舊有的智慧與知識已經不夠用，只能從現在正活在這長壽期中的人們身上學習、搜集他們的經驗與智慧。也就是說，我們除了向提供醫療或照護服務的人取經外，也必須從廣大的在宅生活長壽者身上學習他們在日常生活中創造出的智慧與訣竅，並與衆人分享。

「一天該怎麼過，一天的時間該怎麼運用，如何維持」這個問題或許可以從本書介紹的「活力長壽者」在「習慣曆」上安排的「每日功課」中找到答案。

維持長壽期「活力」的「健康」與「毅力」，與這兩者相關的做法與措施，今後該如何發展，考驗的不只是個人的生活方式，更考驗政府如何安排規畫。

《追加章節》

「具體準備」的例子

前章中提到，政府爲因應「人生百年」推廣的措施，除了增進健康及地方交流外，也必須同時推廣新型態的生活智慧，創造「人生最後活法」的新文化，促使這些措施內容普及社會大衆。

然而，一定很多人無法對此產生具體的想像，畢竟這樣的長壽期是人類前所未至的領域，爲此預做準備的文化根本尚未誕生。

以下要介紹的，雖然還在多方嘗試的階段，但與我共同意識到此一問題的某地方都市（人口13多萬人，沒有名醫也沒有紅牌公務員，只是非常普通的地方都市）地區整體支援中心工作的保健師、物理治療師以及其他在高齡者支援機構服務的人們一起舉行了讀書會，互相提出自己支援的案例討論，製作成了一份【有備無患——緊急時的錦囊妙計】。「如果你在家中跌倒，導致股骨頸骨折……思考看看平常能先做什麼準備，讓自己遇到這種突發狀況也不慌張失措吧」，像這樣整理出一張表，收錄在本書最後（從第300頁起）。

製作這張表時，設定的是「即將步入長壽期」的在家生活75歲後高齡者，遇到下列跌倒、住院動手術、出院後繼續在家生活的狀況。

○75歲以上，獨居。
○在家中（起居室）跌倒。
○股骨頸骨折，住院接受手術。
○出院後回自己家。
○出院後走路時需要使用拐杖或步行輔助器。

之所以舉「股骨頸骨折」爲例，是因爲以必須接受照護的原因來說，最需要他人支援的狀況正是「骨折、跌倒」及「關節方面的疾病」等，其中「股骨頸骨折」更是集中發生在75歲以後到80多歲世代身上。同時，股骨頸骨折導致臥床不起或失智症發作的人更是不在少數。另一個原因是，股骨頸骨折和某種程度能事先預防的生活習慣病不同，這是任何人都有可能遇上的突發意外，像這樣受了意想不到的傷，使人生產生180度改變的可能性很高。因此，若是能事先做好準備，即使遇到這類突發意外時也能迅速應變，甚至可以避免臥床不起的狀況發生。

另外，之所以按照順序從獨居者在室內跌倒到出院的過程說明，是因爲人的生活是以「過去、現在、未來」的順序組成，每個當下做了什麼，如何應對處理每個人生課題，在這個時間軸上做出的選擇，永遠會影響到未來產生的結果。關於這點，第四章（2）也會引用內山節的文章闡述過。我的想法是，只要能先對未來做出預測，找到自己現在該對應的做法，人就不會陷入過度不安與恐慌，進而產生活下去的力量，克服眼前難關。根據以上理由，表內才會決定按照順序說明骨折後發生的各種事項及應對方法（行動課題）。

附帶說明，這張表雖然是以「股骨頸骨折」爲例製作，獨居高齡者或相依爲命老夫妻在罹患其他疾病需要住院手術時，也會遇上和表中列出差不多的事，在對應方法上有不少重複的地方，也可拿這張表來當作參考。

如果是因罹患癌症而在家休養的人，應該能慢慢累積在家養病的相關生活智慧。不過，除了與照護相關的知識外，對獨居高齡者或相依爲命的老夫妻在家生活有幫助的生活智慧及知識，對罹患其他疾病——心血管疾病、失智症等——的人來說也很有幫助，若社會大眾能一起累積、分享這些智慧與知識，再搭配政府推廣的增進健康、地區交流等措施中獲得的知識，或許能構成一套「長壽期活法」，爲長壽期的晚年生活預做準備。

最後，必須在此事先聲明的是，本書雖提出了種種對應方法，實際執行時還是可能因讀者生活地區的不同而有所差異。如果住在大都市，提供居家服務的營利企業或NPO法人比較多，提供的服務形式也各有不同。但若住在偏遠地區，有些地方可能根本沒有這類企業或服務單位。

再者，目前日本各地的行政措施呈現多樣化，有些地方政府可能早已採取了本書中提到的措施。

不過，對尚未具備這些知識的人來說，或許可把這裡介紹的知識與方法「當作聊勝於無的處方箋」。這麼一想，我還是決定將這些內容寫入書中了，只要能派上任何一點用場，對我來說沒有比這更開心的事。

【有備無患——緊急時的錦囊妙計】

「如果你在家中跌倒，導致股骨頸骨折……」
思考看看平常能先做什麼準備，讓自己遇到這種突發狀況也不慌張失措吧。

〈假設下面這些條件的人遇到了這個狀況〉
◯ 75 歲以上，獨居。
◯在家中（起居室）跌倒。
◯股骨頸骨折，住院接受手術。
◯出院後回自己家。
◯出院後走路時需要使用拐杖或步行輔助器。

《I. 從受傷到住院～治療～出院遇到的問題與解決方法》

1. 從受傷到住院（接受治療）期間可能遇到的問題

事項	自己能做的解決方法	可利用的制度等
①跌倒後無法走到電話邊，無法聯絡認識的人來幫忙也叫不了救護車。	①平常就隨身攜帶哨子，行動電話不離手，在家中設置緊急通報系統。 把電話放在即使人坐在地上也拿得到的位置。 〈防止在家跌倒的措施〉 A）在拉門門檻上貼夜間也看得清楚的貼條。 B）在家中有高低差處安裝小斜坡。 C）浴室擦澡處及浴缸內鋪防滑墊，牆壁加裝扶手。 D）想辦法固定廁所踩腳墊，避免滑動。或是不要放墊子。 E）穿拖鞋容易絆倒，可改成包腳的室內鞋。	B、C）如果已獲得判定為「需要支援」、「需要照護」等級，可因應需求申請住宅改建或向社服機關租借輔具。

事項	自己能做的解決方法	可利用的制度等
②在疼痛與慌亂中，想不出可以跟誰聯絡。	②在電話裡將朋友、親戚的電話號碼設為快速撥打號碼。 將朋友、親戚及地區民生委員的電話號碼貼在容易看見的地方。	
③救護車和支援的人來了，但他們打不開家門（玄關或後門）。	③平時就要找好幫自己保管家中備鑰的人，或是告知對方備鑰放在哪裡。 事先告知鄰居或民生委員，若遇到這種萬一時可以破壞哪個部分的門窗。	
④其他、在起居室之外的地方跌倒的狀況。 A）在浴缸裡跌倒，爬不起來。 B）在浴室或廁所裡跌倒，打不開門。 C）在街上跌倒，動彈不得。	A）當場先把浴缸塞子拔掉，然後呼救。 B）事先將浴室及廁所門改成向外推或折門（推拉式門片）。 C）外出時隨身攜帶健保卡、緊急聯絡人、註明自己正在服用特殊藥物的文件（包括藥名在內）。	B）如果已獲得判定為「需要支援」、「需要照護」等級，視情況可申請住宅改建。

2. 從接受診療、住院到手術、開始治療期間可能遇到的問題

事項	自己能做的解決方法	可利用的制度等
①不知道自己原本有在服用哪些藥，無法立刻動手術。	①服藥手冊、健保卡和照護保險證放在固定地方，且任何人都一找就找得到的位置。 緊急聯絡人的資料也放在容易看到的地方。	
②患有其他疾病，但醫院在沒有病歷情報的狀況下無法即時診治，有可能延誤治療。	②將過往病歷寫在筆記本上，放在任何人都容易找到的明顯位置。 平時有自己的專屬家醫（※1）。 平時有固定領藥的藥局。 ※1：向希望對方成為自己專屬家醫的醫生提出委託，對方也答應後，才算正式擁有專屬家醫。	有些行政單位（市公所、區公所等）備有保管容器供民眾領取。領到後，將自己過往病歷或正在治療中的疾病、正在服用的藥品名稱及緊急聯絡人等資料寫在紙上，放入保管容器內（又稱為安心膠囊、安心包等等）。
③大部分醫院都需要身分保證人或擔保人。	③平時就先找好緊急時能協助對應的人，或簽訂本人同意監護契約（※2）。 關於身分保證人，可搜集身分保證公司等提供身分保證服務的企業或團體，平時就先簽訂好契約。	※2：本人同意監護契約，是依據本人同意監護制度簽訂的契約，最好趁自己還有精神體力，也有判斷能力時預先簽訂此類公證憑證。 〈諮詢單位〉 離家近的「公證人公所」。
④無法備齊住院時需要的東西、無法做好妥善的住院準備（包括人與物在內）。	④【物】趁自己還有精神體力時先準備好「住院用具包」，放在家中固定的地方備用，並清楚標示出來，需要時才能馬上找到。 【人】平常就先委託好親戚或朋友，也可搜集提供此類支援的民間機構資訊，加以利用。	

3. 住院期間可能遇到的問題

（1）與付款相關的問題

事項	自己能做的解決方法	可利用的制度等
①無法自己處理住院期間金錢的進出。	①平常就先委託好朋友或親戚代為處理（以代理的方式進行委任）。學習委任事務相關公司、單位及本人同意監護契約（生前事務委任契約）的知識。	
②家中水電等費用無法支付。	②平常就先辦理帳戶自動扣繳。	
③醫療費過高，難以支付。	③透過學習得知醫療制度中有減輕自我負擔金額的減免措施。此外，也要先知道該去哪裡辦理這種手續。	【高額醫療費】同一個月內在同一所醫療機構進行治療支付的醫療費中，若自我負擔費用過高，只要辦理申請，超過法定自我負擔金額的部分就能辦理退款。 【金額上限適用許可證・標準負擔額度減免許可證】事前申請「金額上限適用許可證」，在就診時出示給醫療機構窗口，除了病床費用、住院時的餐費、自由診療費用外，在同一間醫療機構的醫療費用只需支付自負額上限。 ※自負額根據每個人所得訂定，詳細金額請洽詢自己所在地的政府機關（市公所、區公所等）。

4. 住院期間可能遇到的問題
（2）不在家時，家中可能發生的問題

事項	自己能做的解決方法	可利用的制度等
①不在家時的門戶問題。 剛住院時，先前家中來不及倒的生鮮垃圾、冰箱裡的生鮮食品如何處置的問題。	①拜託值得信賴的親戚朋友或住附近的鄰居。	
②停送牛奶、報紙等每日配送的物品。 聯絡鄰居、工作的地方和隸屬的社團。	②平時就要把所有需要聯絡的人或店家登錄在手機通訊錄內。	
③住院期間宅配上門的東西。	③非收取不可的東西，平時就要把業者聯絡方式登錄在手機通訊錄內。 其他非預期之內送來的東西則請宅配公司退給寄件人。	
④寵物無人照顧的問題。	④還有精神體力時就要先找好緊急時能幫自己照顧寵物的人。 獲取寵物旅館的相關資訊。 若必須長期住院，可拜託相關的NPO法人團體，但也必須事先搜集相關資訊。	

5. 住院期間可能遇到的問題
（3）為出院後生活預做的準備及可能會出現的問題

事項	自己能做的解決方法	可利用的制度等
①不知道自己能住院多久而感到不安。	①儘早確認送醫急救時的醫療機構（醫院）能讓自己住院多久（多半得視醫院性質與症狀的不同決定）。這時也要詢問往後的治療流程是什麼。	大多數醫療機構（醫院）都設有出院支援護理師及出院支援諮詢師，住院時可先找他們諮詢。
②對出院後是否能靠自己生活感到不安。	②平時就要先學習申請照護保險的相關知識（何時可申請等等）。 可前往醫療機構（醫院）的諮詢窗口（地區醫療合作室等）諮詢。	

事項	自己能做的解決方法	可利用的制度等
③不知道該何時申請照護保險。	③向醫療機構（醫院）的諮詢窗口（地區醫療合作室等）查詢。	
④不知道如何申請照護保險，或是無法去申請。	④請家人、親戚或朋友前往當地政府機關（區公所、市公所等）申請。 也可以委託地區整體支援中心或居家照護支援事業所，請工作人員代為申請。	申請照護保險的地方是當地政府機關（市公所、區公所）的照護保險課。
⑤不知道該如何申請高額醫療費額度上限，或是無法去申請。	⑤請家人、親戚或朋友前往當地政府機關（區公所、市公所等）洽詢負責窗口。	請參考表格3-（1）-③中可利用的制度。 ※委託家人、親戚或朋友申請時，需要另外準備委任書等申請表單。

6. 出院當天可能遇到的問題

事項	自己能做的解決方法	可利用的制度等
①預訂從醫院回家時使用的交通工具。	①委託計程車業者。	
②準備出院當天吃的食物。	②請家人、親戚或朋友幫忙。	
③整理居家環境（開窗通風等等）。	③請家人、親戚或朋友幫忙。	
④準備回家時穿的衣服。	④請家人、親戚或朋友幫忙。	

《II. 出院後生活上遇到的問題和應對方法》

※ 如果已有加入照護保險，出院後第一件事應是聯絡自己的照護管理員。

1. 行動不便，又無法自己開車，不能搭電車或公車，與外界沒有良好聯繫時

事項	自己能做的解決方法	可利用的制度等
①無法外出購物。	①請附近超市配送或利用生協合作社的宅配服務。也可查看是否有不在照護保險內的付費服務（例如在照護人員陪同下自己購物的方法）。	如果已是照護事業的照護對象，或已獲得判定為「需要支援」、「需要照護」等級，可視需要使用照護保險制度中的居家照護。照護保險中的居家照護是根據受照護者本身的狀態擬定照護計畫（例如時間與次數的規畫），必須事先跟自己的照護管理員討論。也得事先確認自己加入的照護保險制度是否包含居家照護。
②出院後無法自行定期回診。	②委託計程車業者定期接送。查詢是否有可使用的付費照護服務或可提供協助的NPO。	
③無法自己去倒垃圾。	③和社區自治會或附近鄰居商量，請人幫忙。	
④無法拿住戶傳閱板給鄰居。	④聯絡社區自治會。	
⑤去不了銀行，無法提領或存錢。	⑤請值得信賴的親戚、朋友協助。	
⑥無法遛狗。	⑥請鄰居幫忙，或找寵物保姆。	
〔行動不便引起的問題〕		※ 不同地區可運用的服務或制度也可能不同。

2. 出院後，在家中生活時可能遇到的問題

（1）輔具及日常生活器具等可以解決的事項

為了出院後過安全的生活，住院時就必須事先安排環境的調整。

※ 與復健師、醫療社工商量出院後的生活，以在自家生活為目標進行日常動作（更衣、如廁、洗澡、做家事等）訓練。出院前，先請照護管理員、家訪護理師、居服員等人陪同，和醫院復健師一起回家一趟，以當事人為中心進行會診協商。當事人可透過這次協商與各崗位專業人士討論如何重新配置家具、租借輔具和改建住宅。以下①～⑯都是透過協商後可獲得解決的事項。

事項		自己能做的解決方法	使用輔具或器具解決	可利用的制度等
更衣	①穿脫鞋子不易。	①住院期間請專業人士指導容易穿脫鞋子的動作。	①換穿方便穿脫的鞋子。	
	②更衣（襪子、褲子等）穿脫不易。	②住院期間請專業人士指導容易穿脫衣物的動作。	②使用幫助穿襪子的道具（穿襪輔助器）等輔具。事先搜集輔具相關資訊。	

事項		自己能做的解決方法	使用輔具或器具解決	可利用的制度等
如廁	③沒有扶手，站坐馬桶都有困難（日式馬桶則是蹲站困難）。		③在適當的位置加裝扶手，墊高馬桶座，或安裝座椅式簡易馬桶。	如果已獲得判定為「需要支援」、「需要照護」等級，可視需要運用照護保險內容改建住宅（加裝扶手等等）、租借輔具（設置簡易扶手等等）、購買輔具（座椅式簡易馬桶或洗澡輔助椅等等）。
入浴	④浴缸太深，不容易進出。		④加裝扶手，或在浴缸旁放置墊腳台，儘可能減少浴室地面和浴缸內的高低落差。	
	⑤浴缸塞在最底部，不方便清洗浴缸或放水。		⑤使用長柄輔具（例如長柄刷、長柄抓物夾等等）。	
	⑥行動不便，無法在浴室內順利刷洗身體，或身體無法取得平衡。		⑥使用洗澡輔助椅等輔具。	
寢具	⑦很難從床上或墊被上起身。		⑦臥床旁加裝扶手。也可將桌子搬到床旁邊，扶著桌面起床。	
洗衣	⑧洗衣槽太深，拿不出衣物。	⑧下次換新時可改買滾筒式洗衣機。	⑧使用長柄輔具（長柄抓物夾等等）。 使用洗衣網。	
	⑨連把洗好的衣服拿去晾都有困難。	⑨購買附帶烘衣機能的洗衣機。	⑨使用有輪子可推著走的洗衣籃。	
	⑩晾衣桿太高不方便晾衣服。	⑩把晾衣桿移動到較低的位置。		

事項		自己能做的解決方法	使用輔具或器具解決	可利用的制度等
移動	⑪住院時步行、走動都沒有問題，但家中有高低落差，移動困難。	⑪事先將自己在起居室內的行動範圍整理乾淨，移除障礙物。	⑪如有需要可加裝扶手或使用墊腳台等消除高低落差的輔具。	如果已獲得判定為「需要支援」、「需要照護」等級，可視需要運用照護保險內容改建住宅（加裝扶手等等）。
	⑫自家玄關有高低落差，出入時需要上上下下，有移動上的困難。	⑫住院期間請專業人士指導方便上下階梯的動作。	⑫在玄關高起處加裝扶手或放置墊腳台。	
	⑬室內有高低落差，移動困難。		⑬消除高低落差（安裝小斜坡、墊高地板、縮小高低落差等）或在動線上安裝扶手。	
	⑭起居室在二樓，難以移動到其他樓層。	⑭如果可以就改成在一樓生活。 換地方住。 畢竟若以日後進入超高齡為前提思考，早晚還是要搬，不如早點改變環境。		
姿勢	⑮使用平常吃飯用的和式桌椅時站坐不易。	⑮改成西式餐桌椅。		
站立	⑯洗臉、洗碗和烹飪時無法維持站姿。		⑯使用可坐著進行這些事的椅子，注意椅子要夠穩。	

3. 出院後，在家中生活時可能遇到的問題
（2）與居服員等人力資源相關的事項

※ 透過出院前的會診協商，可協助被照護者導入出院後的人力資源，協調包括家人、鄰居、民生委員在內的人提供協助。這時也要就以下①～⑨個項目進行調整。若欲使用照護保險制度中的居家照護，需注意有些保險不提供居服員服務，平時就務必先確認【參考 1】。

事項	自己能做的解決方法	可利用的制度等
①無法自己關窗鎖門。	①在家中移動時需要的輔具（輪椅、步行輔助器等），從住院期間就要先跟專業復健師及護理師一起討論準備。	如果已獲得判定為「需要支援」、「需要照護」等級，可視需要運用照護保險內容租借輔具（步行輔助器、輪椅等等）。
②有客人上門時無法馬上起身開門。	②加裝對講機。	
③郵差來送信或送報員來時無法去應門領取。	③出院前就要先想好信箱的位置和家中動線。 聘請居服員。	如果已是照護事業的照護對象，或已獲得判定為「需要支援」、「需要照護」等級，可視需要使用照護保險制度中的居家照護。
④得花很長時間才走得到廁所。若使用簡易馬桶則無法輕易處理排泄物。	④選購適合的簡易馬桶。 聘請居服員。	如果已獲得判定為「需要支援」、「需要照護」等級，可視需要運用照護保險內容購買輔具（簡易馬桶）。
⑤無法使用（拿不動）吸塵器。	⑤購買輕型的吸塵器。 聘請居服員。	如果已是照護事業的照護對象，或已獲得判定為「需要支援」、「需要照護」等級，可視需要使用照護保險制度中的居家照護。
⑥無法擦拭清潔家中物品。	⑥使用除塵紙拖把等掃除工具，使用掃地機器人（可選擇有拖地功能的）。 聘請居服員。	如果已是照護事業的照護對象，或已獲得判定為「需要支援」、「需要照護」等級，可視需要使用照護保險制度中的居家照護。
⑦無法擦窗或清潔抽油煙機。	⑦使用付費居家清潔服務，請業者代為清潔。	

事項	自己能做的解決方法	可利用的制度等
⑧無法打理庭院、澆花除草。	⑧洽詢銀髮人力中心或請地區義工幫忙。	
⑨無法更換電燈泡。	⑨請地區義工幫忙。	

【參考 1】照護保險制度中的居家照護「做得到」和「做不到」的事項

照護保險制度中的居家照護分成兩種，一種是提供日常家事服務的「生活援助」，一種是協助攝食、協助入浴、協助排泄等必須與受照護者產生肢體接觸的「身體照護」。使用居家照護服務前請先與自己的照護管理員討論，因應被照護者本身狀態及要求來規畫照護內容。

下表內容只是列舉一部分「做得到和做不到」的事，詳細項目每個行政區可能有所不同，還需與照護管理員討論確認。

	做得到的事	做不到的事
身體照護	◯協助移動、協助進食。 ◯協助排泄、更換尿布、引導如廁。 ◯協助入浴或擦拭身體。 ◯陪同服藥並檢查服藥狀況。 ◯於被照護者移動、飲食或做家事時在旁陪同。	╳陪伴住院（住院時的看護工作）。 ╳餵被照護者吃藥（幫忙張嘴及把藥放入口中等動作）。 ╳開被照護者的車接送其定期回診。
生活援助	◯整理、打掃被照護者生活範圍內的居家環境。 ◯將日常可燃、不可燃垃圾拿到垃圾收集處。 ◯清洗、晾曬及收摺日常衣物。 ◯代替被照護者出門採購日用品。 ◯代替被照護者出門領藥。	╳打掃被照護者使用不到的居家環境。 ╳澆花除草。 ╳照顧寵物或遛狗等。 ╳代替被照護者出門領錢。 ╳移動或修理家具家電。

4. 伴隨出院後生活變化產生的包括經濟面在內的生活問題

事項	自己能做的解決方法	可利用的制度等
①不知道股骨頸骨折後生活上該注意的事項有哪些。	①詢問專屬家醫，或回診時與醫療機構（醫院）討論。居家照護及固定回院復健時也可提出諮詢。需好好掌握自己股骨頸骨折後的身體狀況和健康狀態。	
②不知道出院後得花多少錢，對經濟面產生不安。	②可與醫療社工討論，或透過照護管理員搜集相關資訊。	
③年金及儲蓄都不多，無法使用太多付費服務。	③可與醫療社工討論，或透過照護管理員搜集相關資訊。	
④外出機會減少了，出現繭居傾向。	④積極參加地方上的活動聚會。也可利用定期外出型服務（譯註：日本的照護保險中一種可促進被照護者外出，防止身體機能衰退的服務，與上門照護的居家照護相反，由被照護者主動外出接受各種類型的服務）。	如果已是照護事業的照護對象，或已獲得判定為「需要支援」、「需要照護」等級，可視需要使用照護保險制度中的外出型服務。 如果是已獲得判定為「需要支援」、「需要照護」等級，也可視需要外出接受日間照顧服務。
⑤遇到天災時無法靠一己之力避難。	⑤洽詢自主防災組織。	
⑥擔心自己再次跌倒，就此臥床不起。	⑥不要把自己關在家中，儘量多參加地方上的聚會或使用外出型照護服務。此外，調整生活環境與身體狀況，降低跌倒發生的機率（做法可同時與照護管理員或居服員討論）。	想知道住家附近有哪些聚會或場所等地區資源，可洽詢當地行政機關（市公所、區公所等），或詢問高齡者福利課或地區整體支援中心。
⑦擔心身體忽然出狀況或再次跌倒。	⑦善用緊急通報系統等政府或民間服務，隨身攜帶行動電話。	不同行政機關（市公所、區公所）有不同福利制度，有些地方設有緊急通報服務，可加以利用（洽詢當地高齡者福利課）。

【參考 2】住院中發現其他疾病症狀，在家生活產生困難

事項	自己能做的解決方法	可利用的制度等
①住院時出現失智或其他症狀，出院後無法回家生活。	①還有精神體力時就要考慮入住安養設施或在家養老，確定自己的意願後，就要朝這個方向預先做好準備。	
②原本是一人獨居，出院後無法再靠自己的力量生活，又無法搬去和子女一起住。	②平時就先未雨綢繆，多方搜集各種付費高齡者安養設施及附帶照護服務的高齡者住宅等資訊，釐清各設施的特徵（包括費用等各項條件）。	

【參考 3】受傷、住院時，與原本未同住家人之間的關係，與朋友、近鄰之間的關係，與其他人之間的關係

①平時就要常和家人討論如果發生萬一時該怎麼辦。

②不要因為家人住得遠就猶豫是否該保持聯繫。

③固定回診之類的事偶爾也可拜託住在遠處的家人回來陪同。這是讓對方知道自己病情的好機會。

④有機會就要介紹沒住在一起的家人和專屬家醫認識。

⑤管理備鑰、代理支付某些費用與自己不在家時關窗鎖門等工作，必須委託值得信賴的人幫忙。趁自己還有精神體力時先找到這樣的對象並提出委託。如果找不到，就找 NPO 法人或代理這些業務的業者幫忙。也可考慮申請本人同意監護制度。

⑥一旦發生萬一，近鄰與地方人士的協助不可或缺。平常就要趁還有精神體力時，和大家保持良好關係。

⑦學習並養成使用行動電話（最好是智慧型手機）與電腦的習慣。這對搜集資訊和上網購物、對外聯絡等都很方便。

→遇到困難時請與地區整體支援中心、地方政府的高齡者福利課、社會福利協議會及民生委員商量討論。

【附表 1】

在寫下人生大事時或許可作為參考的項目

以下只是參考例，有其他事項想寫都可自由寫下。

1. 與社會的連結

活動場所 ①公車、電車、開車可到且需要前往的地方。
②徒步可到的地方。
③只在住家附近活動。

活動種類 ①多樣化的嗜好、當義工、參加市民活動、工作、信仰等。
②減少參加上述活動。
③退出上述活動。

活動次數 ①幾乎每天 ② 1 星期 2 次左右 ③ 1 星期 1 次
④ 1 個月 2 次 ⑤ 1 個月 1 次 ⑥ 2、3 個月 1 次。

2. 與家人的關係 ①子女、外甥、姪子是否成家立業。
②照護父母。 ③父母已過世。 ④配偶生病。
⑤照護配偶。 ⑥配偶離世。

3. 與朋友的關係

往來方式 ①去對方家。 ②一起聚餐或旅行。
③頻繁且面對面交往。 ④頻繁聯絡。
與上述朋友之間的往來減少、寄賀年卡的對象減少、
上述朋友生病或過世……

4. 發生在自己身上的事、體能是否明顯衰退

移動能力

◆開車移動 ①到處都能去。 ②只限常去的地方。
③只限住家附近。 ④已註銷駕照。

◆步行能力 ①可自由移動到任何想去的地方。
②平路沒有問題，山路就有困難。
③如果是常去的地方，稍遠還可以。
④只限住家附近。 ⑤只能在家中或沿著住家周圍走動。
⑥只能在室內走動。 ⑦在室內也只能扶著東西走動。

日常生活能力

◆家事能力（處理垃圾、烹飪、打掃、洗衣服等），換季時可自行收取棉被、鋪床。

◆家事能力衰退（雖然還能烹飪但購物有困難、用吸塵器時身體會搖晃無法保持平衡等）。

◆喪失家事能力、日常生活能力。

◆保持金錢管理能力（日常購物、申請照護保險、簽訂契約等一般正常能力、存錢領錢等）。

◆金錢管理能力衰退或喪失。

疾病或身體障礙

◆聽力、視力衰退。

◆記憶力衰退。

◆開始有失智症狀。

◆多了好幾種必須定期回診的疾病。

◆骨折造成步行困難。

居住場所的變化

◆住進安養設施。

◆搬到子女家住。

照護保險、社會福利制度的運用

◆申請或聘請居服員。

◆使用日間照護設施。

支援自己的人

◆子女。

◆朋友。

◆照護服務業者。

結語

「我現在正在寫這種書喔。」當我這樣對某位40多歲的朋友說時，她的回答是：「爸媽那一輩還算好，有我在照顧。可是，輪到我老了之後怎麼辦？我沒有結婚，沒有丈夫也沒有小孩。做的是約聘工作，年金大概也領不到多少。像我這樣單身的朋友還有很多喔。」

我之所以寫這本書，爲的就是這一點。書中也提過，2002年至今，我持續參加著高齡者支援機構的案例檢討會。起初遇到最多的案例是「單身兒子虐待高齡者家人」的問題，這個問題的背景是1990年代後半經濟變動加速的「未婚趨勢」（尤以男性爲多）。

殊不知光陰似箭，今後的問題變成這些單身者步入高齡後產生的問題了。從「日本戶口數之未來預測」（國立社會保障·人口問題研究所）看65歲以上不同配偶關係的人口比例，會發現在2015年時只佔5.9％的65歲以上男性未婚者，到２０２５年時預計將達到9％，２０３５年時達到13％，也就是在短期間內增加到2倍以上（女性在上述比例的數字分別是4.5％↓5.2％↓7.9％）。

這樣的單身高齡者在未來自己遇到需要照護的狀況時，到底該依靠誰才好呢。通常這種情形的人經濟基礎都比較差，和有子女而與配偶死別的高齡者不同，沒有子女可依靠，和親人關係不緊密的狀況也較多。

思考著這些問題的同時，我也持續參與支援現場，發現案例檢討會中的案例情況特徵漸漸改變。「該如何支援80歲以上無依無靠的獨居高齡者或高齡夫妻」，類似這樣的問題愈來愈多。「前言」中也提到，我在支援第一線聽到最多的聲音是，「希望長壽者們能在還硬朗有體力時，儘可能預先爲自己晚年的生活做準備」。

那麼「該做什麼準備才好呢？」。如果可以靠國家制度以個人爲單位支援高齡者當然再好也不過，但是，還等不及國家制度修正，人已漸漸步入老年，那又該怎麼辦？

既然如此，「來思考看看高齡者該趁自己還有精神體力時做什麼準備，才不至於在自己晚年時陷入悲慘困境」，想想如何降低那樣的風險吧。

動了這個念頭後，我訪問了許多高齡者與支援高齡者生活的子女晚輩，思考什麼是「必須做好的準備」。

乍看之下，本書似乎在強調有備無患的重要性，希望個人負起自我照護的責任。

然而，我的目的並非要求高齡者負起照顧自己的責任，而是希望在長壽化與家庭結構變化中，儘可能減少將來已可預測到的高齡者風險，明確提出自我保護所需的知識和方法，希望這本書的內容能爲更多人派上用場。

我所做的是進行訪談，將對方過往經驗作爲社會事實列舉出來，爲其找到社會文脈中的定位。像我這種偏向學術性的思考方式，不管怎麼注意文章不要寫得太硬，最後一定還是成了一本不太容易閱讀的書吧。

可是，我已盡力將內容寫得簡單易懂了，在書寫的過程中也一直這麼提醒自己。

這本書得以完成，需要感謝的人太多。

首先，是所有不計較我那些太過直截了當的問題，甚至不吝分享自己隱私部分的「活力長壽者」們，以及支援這些長輩們的家人，還有也要感謝介紹我與受訪者們認識的各位，在此獻上深深的謝意。

接著必須道謝的，是將近20年來與我一起持續舉辦讀書會，任職於高齡者支援機構的K保健師以及其他從事支援服務工作的人們。透過與各位一起舉行的讀書會及案例檢討會，我深入理解了現代日本劇烈變動的家庭現況，也深切感受到對將來產生的危機意識。

此外，在我剛成爲研究者時就引領我進入社會福利第一線的朋友——擔任社工師的Y。這次撰寫本書也承蒙她大力協助，因爲高齡者們對她抱持高度信任，才願意在她的引介下接受我的採訪，與我深入分享各種經驗與議題。

最後必須感謝也最重要的是編輯草薙麻友子小姐和她的朋友平野麻衣子小

姐。我雖早已留意到這個問題，卻一直沒機會撰寫成書，內心焦急不已，是草薙小姐在聽了我對本書的構想後，建議出版社發行此書，並在書寫過程中給我適當的建議。平野小姐則是我與草薙小姐中間的橋樑，為我們的聯繫付出許多心力。如果沒有遇見平野小姐和草薙小姐，這本書就不會有出版的一天。

我在68歲那年辭去大學裡的工作時，心想「年紀已經夠大了，今後要輕鬆過日子」。然而，認識了這幾位「活力長壽者」讓我看見新世界，開拓了新的年齡觀。現在的我絕口不提「上了年紀」，只想著如何維持健康，好好生活。

「人不管到幾歲都能持續改變」。這就是我藉由撰寫本書的機會所獲得對高齡者及對人類的全新觀念。能夠寫下這本書，眞是太好了。

2018年10月15日

備忘錄

備忘錄

the ONE 68

活到一百歲的覺悟
超長壽時代的生存法則

活到一百歲的覺悟：超長壽時代的生存法則/春日キスヨ著；邱香凝譯.
-- 初版. -- 臺北市：八方出版股份有限公司, 2020.12
面；　公分. -- (the one ; 68)
譯自：百まで生きる覚悟　超長寿時代の「身じまい」の作法
ISBN 978-986-381-224-1(平裝)

1.老人學 2.高齡化社會 3.生活指導

544.8　　109020466

2020年12月30日　初版第1刷　定價390元

著者｜春日キスヨ
譯者｜邱香凝
總編輯｜賴巧淩
編輯｜陳亭安
封面設計｜王舒玗
發行所｜八方出版股份有限公司
發行人｜林建仲
地址｜台北市中山區長安東路二段171號3樓3室
電話｜(02)2777-3682
傳真｜(02)2777-3672
總經銷｜聯合發行股份有限公司
地址｜新北市新店區寶橋路235巷6弄6號2樓
電話｜(02)2917-8022·(02)2917-8042
製版廠｜造極彩色印刷製版股份有限公司
地址｜新北市中和區中山路二段380巷7號1樓
電話｜(02)2240-0333·(02)2248-3904
印刷廠｜皇甫彩藝印刷股份有限公司
地址｜新北市中和區中正路988巷10號
電話｜(02) 3234-5871
郵撥帳戶｜八方出版股份有限公司
郵撥帳號｜19809050

≪HYAKU MADE IKIRU KAKUGO CHŌCHŌJUJIDAI NO "MIJIMAI" NO SAHŌ≫